L. RICAUD

LES REPRÉSENTANTS DU PEUPLE

EN MISSION

DANS LES HAUTES-PYRÉNÉES

I. — MONESTIER DU PUY-DE-DOME

NIVOSE - MESSIDOR AN II

PARIS | TARBES

H. CHAMPION, LIBRAIRE | E. CROHARÉ, IMPRIMEUR

9, Quai Voltaire. | 32, Place Maubourguet.

1899

L. RICAUD

LES REPRÉSENTANTS DU PEUPLE

EN MISSION

DANS LES HAUTES-PYRÉNÉES

I. — MONESTIER DU PUY-DE-DOME

NIVOSE - MESSIDOR AN II

PARIS	TARBES
H. CHAMPION, LIBRAIRE	E. CROHARÉ, IMPRIMEUR
9, Quai Voltaire.	32, Place Maubourguet.

1899

LES REPRÉSENTANTS EN MISSION
DANS LES HAUTES-PYRÉNÉES
PENDANT LE GOUVERNEMENT RÉVOLUTIONNAIRE

PRÉFACE

Les quelques chapitres que j'offre au lecteur, sous ce titre : *Les Représentants en mission dans les Hautes-Pyrénées, pendant le gouvernement révolutionnaire* — MONESTIER DU PUY-DE-DÔME, MONESTIER DE LA LOZÈRE, AUGUSTE IZOARD, — ont été écrits, à l'occasion du Congrès des Sociétés savantes tenu, à Toulouse, au mois d'avril 1899. Un des sujets proposés par le Comité était le suivant : « Etudier, dans un département, dans un district ou dans une commune, le fonctionnement du gouvernement révolutionnaire, établi par la loi du 14 frimaire an II. »

L'étude était intéressante ; mais les désastres subis par nos archives départementales, surtout l'incendie de 1808, y ont créé des vides qui rendaient ma tâche fort malaisée. Les registres des délibérations du directoire du département et de toutes les administrations de district n'existent plus ; la mairie de Tarbes elle-même a perdu le registre qui contenait les délibérations communales de mars 1793 à germinal an II. Les extraits d'arrêtés, conservés aux archives du département des Hautes-Pyrénées, quelque nombreux qu'ils soient, ne permettaient pas de suivre les événements comme le demandait la question du Comité.

Aussi, après quelques tentatives, me suis-je décidé à abandonner le sujet tel qu'il était posé, pour en essayer un autre rentrant dans le thème du Comité. C'est cet essai dont je publie aujourd'hui la première partie.

Les documents, pour n'être pas aussi complets et pour ne pas faire un tout aussi lié qu'on eût pu le désirer, s'offraient cependant assez nombreux pour qu'il fut possible, en les rapprochant, en les éclairant

s uns par les autres, de faire un récit assez attachant. Ainsi qu'on le
:rra par les renvois qui ont été faits au bas des pages, les principales
:urces de ce travail ont été, avec les Arrêtés des représentants du
:uple, soit manuscrits, soit imprimés, conservés aux Archives dépar-
mentales des Hautes-Pyrénées (série L. i, f) et aux Archives nationales
\FII, carton 134), les extraits des Arrêtés du Département des Hau-
s-Pyrénées (Archives départementales, série L. i, d), les registres des
:libérations de la commune de Tarbes et un registre des procès-ver-
iux de la Société populaire. Je citerai, parmi mes autres sources iné-
tes, les Arrêtés des divers Districts des Hautes-Pyrénées (série
. II, b), l'Etat des fonctionnaires dressé dans les premières années de
: siècle (série M), les registres d'Appointements et les Informations
:s justices royales et seigneuriales (Archives départementales, série
); le fonds de M. Gaston Balencie, dont le distingué paléographe, si
:cueillant aux nouveaux venus, a mis à ma disposition, depuis quelques
.nées déjà, les pièces révolutionnaires : Arrêtés, discours et mémoires
rt intéressants et qui manquent pour la plupart aux Archives départe-
:ntales ; le fonds de M. Fontan, que le serviable docteur communique
aimablement à ceux qui vont le consulter ; le *Journal de la réclu-
on des prêtres du diocèse de Tarbes*, œuvre du R. P. Joseph Laspale,
dominicain érudit, auquel Bagnères doit la constitution et la con-
rvation de ses archives ; les fonds des séries F. i, b, II, F. i, c, III,
. III 343-358 des Archives nationales, etc. Parmi les sources impri-
:ées et répandues dans le public, citons : le *Recueil des actes du comité
: salut public*, par M. F.-A. Aulard ; les *Représentants du peuple en
ission*, par M. Henri Wallon. Le *Bulletin de la Société académique des
autes-Pyrénées m'a fourni plus d'un précieux renseignement.

×[×]×

Je sais que la valeur historique de ces diverses sources n'est pas la
ème. Il est évident que les procès-verbaux officiels des séances d'une
semblée nous renseignent plus exactement sur les actes mêmes de
:tte assemblée que le récit d'un autre témoin quelconque. Je sais
:core qu'un même document peut avoir une autorité différente suivant
s renseignements qu'on lui demande. Le procès-verbal officiel, dont
parlais tout à l'heure, est moins sujet à caution quand nous le ques-
onnons purement et simplement sur l'existence et la nature d'un acte,

que lorsque nous lui demandons les causes qui l'ont provoqué ou que nous l'interrogeons sur les personnes que l'acte louange ou condamne. L'excès de l'éloge coudoie assez souvent l'injustice du blâme.

Dans cette étude, je cite trois sortes de documents particulièrement dangereux à manier : 1° Le *Journal de la Réclusion des prêtres;* 2° Les fonds D. 343-358 des Archives nationales, contenant les dénonciations contre les Représentants du peuple ; 3° Les fonds F de ces mêmes Archives, où sont fournis des renseignements sur les fonctionnaires en exercice sous le Directoire et sur ceux qui, en l'an VIII aspiraient à servir le Gouvernement consulaire. La victoire de rivaux ardemment combattus et souvent méprisés, le triomphe d'idées abhorrées et tenues, justement ou non, pour fausses et pernicieuses, suffisaient à aigrir le style du narrateur de la Réclusion et des dénonciateurs des conventionnels, alors même que le souvenir des injures subies et des souffrances endurées ne les eût pas portés, malgré eux, à charger en noir les couleurs sous lesquelles ils peignent leurs adversaires. Une observation analogue pouvait être faite pour la troisième espèce de documents. Ces renseignements, donnés par des amis ou des ennemis, devaient m'être suspects de quelque excès de faveur ou de défaveur.

Fallait-il les rejeter en bloc ? Mais tous contenaient une part de vérité et plusieurs éclairaient d'un jour tout nouveau certains événements, restés obscurs par le défaut des documents égarés. Je me suis arrêté au parti suivant : les documents qui, par leur comparaison avec d'autres pièces indépendantes, non seulement n'ont pas été contredits mais encore ont paru bien concorder, je les ai faits miens, tout en mettant un soin particulier à noter les références. Lorsque je me suis trouvé en présence de documents différents, émanant d'amis ou d'ennemis et quelque peu inconciliables, je les ai rapportés tous, en les laissant au compte de ceux qui les fournissaient et m'en rapportant au lecteur du soin de se faire une opinion.

Ajoutons que je n'ai guère employé ces trois genres de documents que pour tracer le portrait des hommes qui ont paru sur la scène révolutionnaire des Hautes-Pyrénées. Ils n'entrent point ou presque point dans le récit des faits eux-mêmes, où j'ai laissé parler les autres documents. J'en excepte le récit d'un assassinat judiciaire commis par Monestier du Puy-de-Dôme dans lequel, pour quelques détails après tout accessoires, j'ai, en même temps qu'au Représentant, donné la parole à deux de ses dénonciateurs.

×[×]×

Et, à ce propos, me permettra-t-on un souvenir personnel ? Comme je l'ai dit plus haut, cette étude sur les Représentants du peuple était destinée à être communiquée au Congrès des Sociétés savantes de 1899. La brièveté du temps que j'avais eu pour la composer, son étendue relativement considérable ne me permirent de mettre au net que la première partie : *Monestier du Puy-de-Dôme en mission dans les Hautes-Pyrénées.* Ce fut, par conséquent, la seule présentée à la section d'Histoire et d'Archéologie.

La communication eut lieu dans la séance de relevée du mercredi 4 avril. M. Perroud, recteur de l'Académie de Toulouse, à la courtoisie duquel je me plais à rendre hommage, présidait la section, en l'absence de M. F.-A. Aulard, empêché. Il eut l'amabilité de me prier de prendre place au bureau, en qualité d'assesseur, ajoutant qu'il croyait me devoir cette distinction à cause du travail considérable que je présentais au Congrès. Lorsque mon tour de parole fut arrivé, je donnai lecture de quelques endroits de mon travail. Un des passages que je lus fut le récit de la condamnation et de l'exécution à mort de trois paysans d'Azereix. Quelques détails plus odieux, quelques expressions plus vives émurent certains de mes auditeurs, qui appartenaient, à ce qu'il me parut, pour la plupart, à l'Université.

La lecture terminée, un membre du bureau, se faisant sans doute l'interprète des convictions que j'avais peut-être froissées, me demanda si je pensais avoir eu sous les yeux tout ce qui regardait Monestier et si l'on ne pourrait pas trouver des documents qui le présenteraient sous un autre jour, qui transformeraient le féroce représentant que j'avais dépeint en un conventionnel simplement violent. « Et puis, termina-t-il, cet homme risquait sa tête ! »

Je répondis que j'avais consulté toutes les archives départementales des Hautes-Pyrénées et que, ayant fait un voyage à Paris pour y consulter les Archives nationales, on m'avait, sur ma demande, communiqué tout ce qui intéressait Monestier. Et j'étais obligé de dire qu'en aucun endroit, pas plus à Tarbes qu'à Paris, je n'avais rien trouvé de contraire à ce que j'avais écrit. Mon jugement cadrait d'ailleurs avec celui de la Convention puisque, sur ces mêmes dénonciations que je relatais, elle avait ordonné l'arrestation du farouche proconsul.

Je bornai là ma réponse ; mais j'aurais pu faire remarquer que le fond de mon récit était tiré d'un arrêté de Monestier lui-même, que ses dénonciateurs ne m'avaient fourni que les détails accessoires et qu'en somme il était bien moins criminel et moins odieux de prendre une part même immédiate à l'exécution d'un assassinat juridique que de commander cet assassinat. J'aurais pu citer un mot caractéristique d'un homme qui n'avait aucun sujet de dénigrer Monestier, puisque le Représentant l'avait conservé dans le directoire du district de Bagnères lors de la dernière épuration qu'il y pratiqua. Le citoyen Ferrère, médecin d'Asté, dans un discours qu'il adressait à ses compatriotes, disait de Monestier que « son seul nom est une injure[1] ».

Il me parut qu'il n'était pas utile de répondre à la conclusion de mon contradicteur. Est-ce que l'assassin de droit commun ne risque pas sa tête? En est-il par hasard plus intéressant pour cela? Et puis nous savons, nous, aujourd'hui, que les Représentants en mission risquaient leur tête, mais eux le savaient-ils quand ils assassinaient leurs victimes? N'avaient-ils pas plutôt, des raisons de croire le contraire? Tous les jours, les violents dénonçaient les modérés et l'on tuait pour n'être pas tué. « Voulez-vous que je me fasse guillotiner? il n'est pas en ma puissance de faire grâce à ces gens-là », répondait Carrier à un général lui demandant d'épargner les rebelles qui se rendaient volontairement.[2]

Peut-être quelques-uns de mes auditeurs de Toulouse, appartenant à l'école de la Révolution, ont-ils été tentés de me traiter de sectaire parce que, dans mon récit, j'avais laissé crier, un peu haut parfois, les indignations des victimes? Je leur soumets mon livre en toute sincérité et toute franchise. Cependant ils me permettront de faire cette remarque : qu'il y a des sectaires ailleurs qu'on ne les a cherchés jusqu'ici d'ordinaire. Et celui-là, qui veut à tout prix excuser et blanchir, n'est pas moins sectaire que celui qui veut à tout prix accuser et noircir. Il faut que l'historien sache se dégager des opinions reçues, des préjugés enracinés par l'éducation, pour ne tenir compte que de la vérité, de ce qui du moins lui paraît la vérité. Et, sous prétexte d'apaisement

---

1. Ferrère, médecin d'Asté, à ses concitoyens, page 11. Cité par le *Journal de la Réclusion*.

2. Buchez et Roux, page 165.

et d'union des esprits et des cœurs, il ne nous est pas permis de jeter un voile sur les crimes des bourreaux, alors surtout qu'on les hisse sur le piédestal et que l'on a, pendant cent ans, insulté ou raillé leurs victimes. L'historien est le champion de la vérité et de la justice. C'est de leur triomphe que sortira la véritable paix, la véritable union.

x x x

Ce livre est divisé en deux parties. La première a pour titre : MONESTIER DU PUY-DE-DÔME. J'y raconte l'institution, l'organisation et le fonctionnement du gouvernement révolutionnaire sous l'impulsion du terrible proconsul. Cette partie embrasse une période de neuf mois environ et va du mois de nivôse aux derniers jours de fructidor an II. C'est la période de sang et de terreur, dont nos grands parents se souvenaient lorsqu'ils nous parlaient de Monestier et des jours de la Peur.

La seconde partie comprend les proconsulats de Monestier de la Lozère et d'Auguste Izoard. Elle offre une autre période de neuf mois, comprise entre le mois de vendémiaire et le mois de messidor an III. Ce furent les jours de la réparation. Les captifs du précédent régime furent mis en liberté et les institutions peu à peu adoucies. La journée du IX thermidor avait porté un coup mortel au terrorisme ; elle frappa aussi à mort le gouvernement révolutionnaire dont le Représentant Izoard célébra la fin effective, le 8 prairial, dès avant même que ne fut décrétée la mise en vigueur de la Constitution de l'an IV.

Le lecteur trouvera une sensible différence entre les deux parties. Tandis que, dans la première, le récit des évènements l'emporte sur l'étude des personnages, ce sont les personnages qui, dans la seconde, l'emportent sur les évènements. Mais je veux espérer que l'une et l'autre intéresseront mes lecteurs des Hautes-Pyrénées. Toutes les deux en effet leur parleront du sol natal, de drames qui eurent nos cités pour théâtre, de compatriotes qui ont été victimes, quelquefois bourreaux, plus souvent victimes que bourreaux. Ils plaindront les premiers. Il leur arrivera parfois, devant les seconds, de ressentir presque autant de pitié que de colère, tant furent mauvais les jours qui se levèrent alors ! tant l'épouvante avait maigri les cœurs et brisé les courages ! Que Dieu nous épargne de semblables épreuves.

Louis RICAUD.

MONESTIER DU PUY-DE-DOME

NIVOSE AN II. — VENDÉMIAIRE AN III.

CHAPITRE Iᵉʳ

ÉPURATIONS

I. LOI DU 14 FRIMAIRE. — II. ÉPURATION DES HOMMES. — III. ARRIVÉE DE LA LOI. — IV. ÉPURATION DES CHOSES.

I

Le gouvernement, établi par la loi du 14 frimaire an II (4 décembre 1793), bouleversa de fond en comble les institutions que l'Assemblée nationale constituante avait données à la France, en 1790.

L'heure, il faut le dire tout de suite, était bien solennelle pour notre pays. Sur toutes nos frontières campaient les armées de l'Europe, quand elles n'avaient pas pénétré sur notre territoire.

La Vendée était en feu, tenant en échec une armée républicaine qu'elle vainquit souvent et mit parfois en déroute.

A l'intérieur encore, les mécontents étaient nombreux : royalistes, qui ne s'étaient pas encore résignés à la mort du roi et à la fin de la royauté ; girondins, qui ne pardonnaient pas à la Montagne d'avoir fauché tant de jeunes et précieuses vies d'orateurs ; paysans, dont on allait heurter et meurtrir les croyances plus fortement que par le passé, après leur avoir arraché, par les réquisitions, leurs fils pour les exposer aux balles ennemies, et leurs provisions pour en nourrir les soldats ou d'autres régions, tandis qu'eux-mêmes auraient à redouter la famine.

Ce n'est pas ici le lieu de discuter s'il eût été possible au gouvernement de la France d'éviter ces complications. Il n'est pas davantage question de savoir si des maux aussi graves ne pouvaient pas être traités par des remèdes moins violents ; ni si les anciens rouages n'auraient pas pu donner, même dans les temps difficiles que l'on traversait, un mouvement assez fort tout en demeurant régulier.

Une chose est certaine, c'est que la Convention, par le gouvernement révolutionnaire, obtenait parfaitement son but. Généraux et administrateurs étaient saisis par la main de fer des Comités. Les mécontents, les factieux eux-mêmes étaient effrayés par l'énergie farouche qui se manifestait dans toutes les sections et dans tous les articles de la Loi. Il n'était pas même nécessaire pour trembler de descendre dans les détails; il suffisait, pour sécher de terreur les mauvais citoyens, que la loi leur fût offerte en un semblable appareil.

Il était à craindre pourtant que plus on s'éloignerait du centre et moins l'action du gouvernement se fît sentir aux extrémités.

Les Comités de salut public et de sûreté générale exigeaient sans doute, des administrations ou des autorités révolutionnaires, un compte-rendu décadaire de leurs opérations; mais, même avec cette quasi présence des tout-puissants maîtres de la France, l'impulsion risquait d'être moins ferme et l'action moins prompte et moins persévérante.

C'est pourquoi la Convention décida de se rendre et de rendre ses Comités de plus en plus présents sur tous les points du territoire par les Représentants en mission. L'institution avait déjà fait ses preuves. « L'action du gouvernement, écrivait le Comité de salut public à ces derniers, était arrêtée pour ainsi dire dans son point de départ. Les autorités intermédiaires qui recevaient le gouvernement le brisaient. Les lois révolutionnaires dont la rapidité est l'élément se trouvaient incomplètes ou modifiées.

« Cet état de choses a nécessité votre mission. Vous avez été envoyés pour déblayer l'aire de la liberté; pour ouvrir un large passage à la Révolution qui trouvait partout épars les tronçons de la monarchie et les débris du fédéralisme. Des mains sacrilèges essayaient de reconstituer l'un et l'autre.

« Votre présence a remonté les ressorts de la machine publique; elle s'est ranimée. La République doit beaucoup à plusieurs de vous.

« Mais ce n'est pas assez d'avoir retrouvé le mouvement, il faut qu'il soit uniforme.[1] »

Pour le rendre tel, le décret du 14 frimaire les « chargeait d'assurer

---

1. Lettre du Comité de salut public aux représentants en mission. Aulard. *Recueil des actes du Comité*, tome IX, pages 161, 162.

et d'accélérer le changement d'organisation des autorités constituées. » Il avaient encore mission « d'achever sans délai l'épuration de toutes ces autorités ».

Il était clair que, pour le bon fonctionnement du nouveau régime, les hommes appelés à « reprendre, avec le peuple Français, l'attitude d'Hercule [1] », comme parle le Comité de salut public, devaient être choisis entre cent, être des purs parmi les purs.

II

Ainsi que l'insinuait le décret, le triage était déjà commencé. Il était même fort avancé, sinon terminé, dans le département des Hautes-Pyrénées, objet de notre étude.

Depuis quatre mois, les Représentants en mission près l'armée des Pyrénées occidentales et les départements environnants, avaient opéré changements sur changements dans tous les corps constitués du chef-lieu et d'ailleurs.

A l'occasion des journées des 31 mai et 2 juin, plusieurs membres de nos diverses administrations avaient été compromis par leurs adresses, leurs paroles ou leurs actes.

La *Commission populaire de salut public* de Bordeaux avait provoqué, par deux de ses envoyés, la tenue d'une assemblée départementale qui réunit à Tarbes, du 17 au 22 juin 1793, autour d'un certain nombre d'administrateurs du département, les délégués des autres corps constitués et des sociétés populaires du pays. Il y fut prononcé des paroles imprudentes et commis des actes qui devaient amener la répression des montagnards triomphants.[2]

Le 18 juillet suivant, le conseil du département eut la témérité de suspendre, pour quelques heures, l'exécution d'un arrêté des représentants Yzabeau[3] et Garrau contre les citoyens de Joly, ex-ministre du ci-devant tyran et Darrieux son secrétaire.[4]

1. Ib., page 166.

2. Extraits du registre des délibérations du Conseil du département des Hautes-Pyrénées. Archives particulières de M. Gaston Balencie de Saint-Pé.

3. Claude-Alexandre Ysabeau, né à Gien le 14 juillet 1754, prêtre de l'Oratoire; député d'Indre-et-Loire à la Convention.

4. Archives des Hautes-Pyrénées, série L. 1, c. Conseil général du département. Imprimé (18 juillet 1793).

Pour cet acte, sept membres du directoire furent envoyés à la barre de la Convention nationale.[1] Mais cela n'était pas suffisant.

Par un arrêté du 2 août, le Représentant Monestier (du Puy-de-Dôme), renouvelait l'Administration et le Directoire du département.[2]

Le 12 août, un nouveau comité de surveillance était établi à Tarbes par le même Représentant.[3]

Le 19 août, Monestier cassait le Directoire du district de Tarbes et en établissait un provisoire.[4]

Le 2 septembre, un nouveau remaniement était opéré dans le District.[5]

Le 7, Monestier, après avoir destitué les sept accusés du Directoire départemental que la Convention nationale renvoyait à leurs fonctions, avait, encore une fois, épuré l'Administration du département.[6]

A son tour, le 2 octobre suivant, Dartigoeyte réépurait le Directoire central, en destituant le citoyen Condat, vicaire épiscopal, pour cause de modérantisme. Il avait défendu, au sein de l'Administration et contre le Représentant lui-même, le citoyen Péré que l'on épurait et qui fut destitué de sa place de président du tribunal criminel, le même jour.[7]

Les 5 et 6 octobre, le député landais épurait les Conseils généraux des communes de Vic[8] et de Tarbes.[9]

Le douzième jour du deuxième mois de l'an II (2 novembre 1793), les Représentants Dartigoeyte et Cavaignac, présents à Tarbes, cassaient les sociétés populaires de Bagnères et de Vic. Par le même arrêté,

---

1. Archives de M. Gaston Balencie. Pierre-Arnaud Dartigoeyte né à Mugron (Landes), le 12 mars 1763, était député de ce département à la Convention nationale.

2. Archives des Hautes-Pyrénées, série L. 1, f. Représentants du peuple. Imprimé.

3. Archives nationales, A F 11, carton 134-1026.

4. Archives des Hautes-Pyrénées, série L.1, f. Arrêtés des Représentants du peuple. Imprimé (20 juillet 1793), et fin vendémiaire an III (11-16 octobre 1794).

5. Archives nationales. A F 11, carton 134-1029.

6. Archives des Hautes-Pyrénées, série L.1, c. Conseil du département. Imprimé.

7. Archives nationales. A F 11, carton 134-1029.

8. Archives des Hautes-Pyrénées, série L.1, c. Conseil du département. Manuscrit.

9. Archives des Hautes-Pyrénées, série L. 1, f. Arrêtés des Représentants du peuple. Manuscrits.

douze membres de la Société populaire de Tarbes, deux membres du Comité de surveillance et un commissaire délégué par le Département étaient chargés de constituer une autre société dans la première ville. Le Conseil général de la commune de Vic et le Comité de surveillance, établi par les représentants, « étaient chargés d'y former le noyau de la nouvelle société.[1] »

Ce même jour encore, les deux conventionnels nommaient le citoyen Pierre Garren, pour remplacer Péré à la présidence du tribunal criminel; et les citoyens Bernard, professeur de dessin et Verdot, vicaire épiscopal, déjà membre du Conseil, pour garnir deux places vides du Directoire du département.[2]

Le dix-septième jour dudit mois (7 septembre), le Conseil du département modifiait le Conseil du district du Gave,[3] tandis que, à la même époque, une commission, nommée par Dartigoeyte, travaillait au renouvellement du District de la Neste. Un arrêté du même, rendu à la date du 22 brumaire (12 novembre), sanctionna le travail des commissaires et constitua une autre Administration à Labarthe.[4]

Le 20 frimaire enfin (10 décembre), le député des Landes, « considérant que malgré tous ses soins et ses recherches, il était possible que des fonctionnaires publics girondins fussent encore en fonctions, au grand scandale du peuple et au détriment de la liberté ;

« Arrêta que l'Administration du département des Hautes-Pyrénées et le Comité de surveillance séant à Tarbes, avec six citoyens, désignés et choisis par la Société populaire de Tarbes, se réuniraient sans délai pour faire et arrêter la liste motivée des membres des différentes autorités constituées qui, lors de l'assemblée départementale, votèrent dans le sens du fédéralisme.[5] »

4. Archives nationales, A F II, carton 134-1026.

5. Archives nationales, A F II, carton 134-1025.

6. Archives des Hautes-Pyrénées, série L. 1, c. Conseil du département. Manuscrit. District du Gave ou d'Argelès.

1. Archives des Hautes-Pyrénées, série L. 1, c. Conseil du département. Imprimé. District de la Neste ou de Labarthe.

2. Archives des Hautes-Pyrénées, série L. 1, f. Arrêtés des Représentants. Imprimé.

III

Or, le 4 nivôse suivant (24 décembre), les commissaires écrivirent au Représentant la lettre suivante :

« Citoyen représentant, nous nous occupions avec ardeur de l'exécution de ton arrêté du 20 frimaire dernier ; déjà la conduite des administrateurs du département, de ceux du district de Tarbes, ainsi que celle des individus, fonctionnaires publics ou autres, qui ont assisté et délibéré dans les séances départementales, des 17, 18 et 20 juin derniers (vieux style), avait été scrupuleusement examinée ; déjà nous avions envoyé des commissaires à Lourdes pour prendre des renseignements sur les signataires de l'Adresse, dont tu nous avais envoyé un extrait, lorsque la loi du 14 frimaire. qui organise le gouvernement révolutionnaire est parvenue officiellement, à onze heures du soir du 1er nivôse (21 décembre), à l'Administration du département ; elle y a été lue et enregistrée à l'instant ; à l'instant même aussi le président, le procureur général syndic, ainsi que les citoyens composant le Conseil s'y sont reconnus comme démis de leurs fonctions.

« Religieux esclaves des lois, les citoyens composant l'assemblée formée d'après ton arrêté ont, en conformité de la loi du 14 frimaire, suspendu leurs opérations. Ils t'envoient le résultat de celles déjà commencées.[1] »

Parmi les signatures de la lettre se trouve celle de l'évêque Molinier, qui a supprimé, après son nom, son titre de président du Département et celle du citoyen Laïrle qui, oubliant sa démission, se qualifie toujours procureur général syndic.

La commission ne signalait au Représentant que trois fonctionnaires publics, plus ou moins entachés de fédéralisme et qui ne cessèrent pas d'occuper leurs places par la suite.

IV

L'épuration des hommes était à peine complète que l'épuration des choses avait commencé. Le Département, nous venons de le voir, l'avait immédiatement pratiquée sur lui-même. Son Directoire, demeuré en

1. Archives des Hautes-Pyrénées, série L. I, f. Arrêtés des Représentants, manuscrit (20 frimaire).

fonctions, se hâta d'annoncer aux Administrations de district le nouvel ordre de choses.

Le quintidi de nivôse (25 décembre), en séance publique et révolutionnaire, le Directoire délibéra l'arrêté suivant : « Le Directoire du département des Hautes-Pyrénées, applaudissant aux sages mesures prises par la Convention nationale d'un nouveau gouvernement révolutionnaire, pleinement convaincu du zèle et de l'activité que les Districts mettront à en développer les principes et à lui imprimer le mouvement rapide que l'intérêt de la République exige qu'il ait, se hâte de donner une marque non équivoque de son dévouement, de sa soumission aux lois et de son amour pour son pays, en déclarant à tous les Districts que depuis le 1er nivôse (21 décembre), époque à laquelle le décret du 14 frimaire lui est parvenu et qu'il l'a fait enregistrer, il s'est dépouillé de toute surveillance et juridiction que les anciennes lois lui donnaient mais que ne confirme point cette dernière. Il va se borner à remplir la nouvelle tâche qui lui est confiée, avec cette énergie républicaine et montagnarde, dont il n'a cessé de donner des preuves depuis l'extirpation ou la chute de l'ancienne Administration fédéraliste.[1] »

L'œuvre était donc en bonne voie et le commissaire de la Convention qui allait être chargé de la parfaire pouvait venir.

CHAPITRE II

LE PROCONSUL

I. — POUVOIRS DE MONESTIER. — II. PREMIÈRE LETTRE. — III. SA VIE.

I

Le 7 nivôse (27 décembre 1793), les Représentants du peuple Monestier (du Puy-de-Dôme), Pinet aîné, Cavaignac et Dartigoeyte, réunis à Bayonne, y prirent un arrêté pour hâter l'établissement du gouvernement révolutionnaire dans les départements du Sud-Ouest qui leur avaient été assignés. Le Représentant Dartigoeyte, revenu à Auch, fit

1. Archives des Hautes-Pyrénées, série L .1, d. Directoire du département. Manuscrit.

parvenir l'arrêté au Directoire du département des Hautes-Pyrénées,
qui l'enregistra, dans sa séance du 16 nivôse (5 janvier 1794) et ordonna
« qu'il serait imprimé et de suite envoyé aux Districts et, par l'inter-
médiaire des Districts, à toutes les municipalités et sociétés populaires
de leurs arrondissements respectifs. »

Le Représentant du peuple, Monestier du Puy-de-Dôme, y était désigné « pour imprimer le mouvement révolutionnaire et établir ce gouvernement provisoire, d'après la loi du 14 frimaire, dans les départements des Hautes et Basses-Pyrénées, à l'exception des districts de
Saint-Palais et d'Ustaritz ». L'arrêté détaillait, dans ses dispositions
en 14 articles, les opérations qu'il avait à faire : épurer les autorités
constituées ; remplacer, dans les administrations et comités de surveillance, les citoyens qui exerceraient des fonctions incompatibles ; établir
de nouveaux comités de surveillance ; donner l'existence légale à ceux
établis avant la loi du 12 septembre ; prononcer sur le sort des reclus ;
veiller aux subsistances et aux charrois militaires ; faire observer la loi
du maximum ; se faire rendre un compte exact des mesures prises au
sujet « des citoyens suspects, dangereux et criminels, atteints par la
terreur mise à l'ordre du jour[1] ».

Ces pouvoirs furent bientôt confirmés à Monestier par le Comité de
salut public, qui les étendit même sur les districts de Saint-Palais et
d'Ustaritz, réservés par l'arrêté des Représentants. Le neuvième jour du
mois de nivôse (29 décembre) en effet, le Comité, procédant en exécution de l'article premier section quatrième du décret du 14 frimaire,
arrêtait que 58 Représentants du peuple « seraient distribués dans les
divers départements pour y établir le gouvernement révolutionnaire. Ils
seraient rigoureusement circonscrits dans les départements qui leur
seraient désignés ; ils seraient revêtus de pouvoirs illimités, conformément aux décrets de la Convention nationale ; ils seraient réputés être
sans pouvoirs dans les autres départements ».

Une instruction, la même sans doute pour tous les Représentants,[2]

1. Archives des Hautes-Pyrénées, série L. 1, f. Arrêtés des Représentants.
Imprimés.

1. Aulard, Recueil, etc., tome IX, page 752. Il rapporte cette même instruction
envoyée par Collot-d'Herbois et Billaud-Varennes à Joseph Lebon, Représentant
dans le Nord et le Pas-de-Calais. Elle est aux archives des Hautes-Pyrénées,
série L. Arrêtés des représentants. Imprimés (9 nivôse).

fut adressée à Monestier, pour lui tracer ses devoirs et ses droits, avec les limites que le Comité de salut public lui assignait.[1]

Son collègue Dartigoeyte, auquel l'arrêté du 9 nivôse avait fixé pour territoires les départements du Gers et de la Haute-Garonne, se permit, avant de se renfermer exclusivement dans son gouvernement, de chasser encore quelques jours sur les terres de Monestier. Le 24 nivôse (13 janvier 1794), il nommait trois commissaires pour inspecter d'abord l'Administration du district de la Neste, pour faire ensuite, en Barousse,[2] une enquête qui devait porter sur une série de faits mentionnés dans l'arrêté. Le Représentant eut soin toutefois de déclarer « que les opérations de ses commissaires ne seraient que provisoires et qu'ils seraient tenus d'en rendre compte au citoyen Monestier son collègue, qui devait se rendre incessamment à Tarbes, lequel statuerait définitivement sur le tout[3] ».

II

Monestier n'arriva pas tout de suite, bien qu'il se fût, depuis quelques jours déjà, annoncé aux membres du Conseil général de la commune de Tarbes par une lettre, datée du 10 nivôse (30 décembre), « qui les eût glacés d'effroi, s'ils n'avaient connu les qualités de son âme et les sentiments qui le distinguaient et le caractérisaient ». On lui avait dénoncé le citoyen Chevrand, un de ses amis que nous retrouverons plus loin, comme coupable d'insubordination à l'égard de la municipalité. Le Représentant en fut très affecté. « ...Que fallait-il faire, écrit-il au Conseil général et qu'avez-vous fait ?... Il ne fallait pas être méchants. Pour ne pas être méchants il ne fallait pas, pour le plaisir de me chagriner, m'apprendre tout le mal que vous faisiez, si gratuitement, à un citoyen, mon ami. Vous devez trouver peut-être, chers concitoyens, que l'aigreur de ma plaie aigrit mon style... C'est dans mon cœur, dans ma sensibilité, dans ma justice que j'ai trouvé la douleur qui dirige ma plume... Je croyais avoir étouffé le fédéralisme,

1. Archives des Hautes-Pyrénées, série L.1, f. Arrêtés des représentants. Imprimés. — Cf. Aulard. *Recueil, etc.*, tome IX, pages 743, 799.

2. Vallée des Hautes-Pyrénées, s'étendant à l'Est du département, sur la rive gauche de la Garonne.

3. Archives des Hautes-Pyrénées, série L.1, f. Arrêtés des représentants. Manuscrit.

l'aristocratie et le royalisme dans Tarbes. Si j'ai eu le malheur de les endormir seulement, j'arrive, avec un courage nouveau, leur livrer un combat à mort. De bons juges et la guillotine feront justice des complices et des protecteurs de Joly, des faux patriotes, des intrigants et des désorganisateurs. Je dois une réponse à mes amis de la Société populaire. J'applaudis à leur zèle contre les traîtres. Ils auront incessamment satisfaction de ceux qu'ils m'ont dénoncés et de quelques autres.[1] »

Ces lignes donnent une idée du caractère patelin et féroce du montagnard, à qui le Comité de salut public avait donné les pouvoirs d'un proconsul dans les Hautes et les Basses-Pyrénées.

III

Né à Clermont-Ferrand le 31 octobre 1747, Jean-Baptiste-Benoît Monestier était, avant la Révolution, chanoine du chapitre de Saint-Pierre de sa ville natale. En 1791, l'évêque constitutionnel du Puy-de-Dôme en fit un de ses vicaires épiscopaux et ses compatriotes, en 1792, l'envoyèrent siéger à la Convention nationale. Nommé, le 20 juin 1793, Représentant près l'armée des Pyrénées Occidentales, rappelé par le décret du 19 juillet 1793,[2] il fut maintenu à ce poste où nous le retrouvons dans les mois d'août et suivants.[3]

Cet ex chanoine avait jeté depuis longtemps son rochet aux orties. « Au mois de septembre 1792, il écrivait à la Commune de Clermont-Ferrand qu'elle ne devait plus compter sur lui comme premier vicaire du culte catholique. En juin 1793, il fit abdication de son état à la tribune de la Société populaire et dans une séance publique du Département et de la Commune.[4] » Enfin, le 2 pluviôse an II (21 janvier 1794), il écrit d'Orthez à ses frères et amis de Clermont : « Je répète entre vos mains mon abdication pure et simple de ma vieille prêtrise...

« Je charge mon frère de remettre à la maison commune mes paperasses papistiques, mes hochets d'Université et mes pamphlets de bénéfices, s'il peut les trouver et s'ils existent encore. Je désire qu'il y

1. Archives de la mairie de Tarbes. Registre des délibérations (24 nivôse an II).

2. Aulard. *Recueil des actes, etc.*, tome V, page 27, note 3.

3. Cf. Chapitre précédent.

4. Aulard. *Recueil des actes, etc.*, tome IX, page 231.

joigne mes bréviaires : ils ne sont pas complets, il y a longues années que j'en perdis au moins une partie, je ne me mis pas en peine de les remplacer.[1] »

Ivrogne et ordurier, il perdait quelquefois tout sentiment de pudeur. Non content d'insulter odieusement ses anciens confrères,[2] et de se répandre en odieux blasphèmes contre ce qu'il avait autrefois honoré, « il énuméra un jour, dans un accès d'ivresse, au sein de la Société populaire de Tarbes, les débauches dans lesquelles il s'était vautré lorsqu'il était prêtre[3] ». Basterèche, maire de Bayonne, écrivait de Monestier : « Il a démoralisé nos cantons en prêchant les discours les plus obscènes et les plus dégoutants ; il surenchérissait sur l'exécrable Hébert. Il allait avec ses affidés, au sortir des orgies, arracher, dans les églises, les tableaux et les déchirer. Un jour, à Orthez, il prit un Christ et le foula aux pieds.[4] »

Envieux ou serviteur de l'envie, il était l'ennemi de toute la députation des Hautes-Pyrénées à l'exception de Bertrand Barère, qu'il finit aussi par s'aliéner. Un jour du mois d'août 1793, il dit dans la Société de Bagnères « que ses collègues Gertoux, Picqué, Dupont et Lacrampe étaient indignes de la confiance de leurs commettants et fit rayer des tableaux de la Société les citoyens Gertoux et Picqué qui en étaient membres[5] ». Par ses soins ou ceux de ses amis, Lacrampe fut également exclu de celle de Tarbes.[6] Enfin, il mit en délibération, dans la Société populaire de Bayonne, avec son collègue Pinet, l'arrestation du

1. Henri Wallon. *Les Représentants en mission*, tome I, page 36.

2. Archives de la mairie de Tarbes. Registre de la Société populaire, au 22 prairial, an II.

3. Archives nationales, D. III, page 355. Dénonciation d'Ozun contre Monestier. Ozun avait été nommé, le 22 nivôse an III (11 janvier 1795), par la Société populaire de Tarbes, membre d'une commission « chargée de recevoir les déclarations des citoyens au sujet de Monestier, soit dans la ville soit dans le département. »

4. Archives nationales, D. III, page 355. « A Saint-Pé, pays basque, où les habitants avaient conservé les mœurs patriarcales, un de ses agents fit guillotiner un christ devant tout le peuple. Le lendemain 50 familles se réfugièrent dans les bois et les montagnes pour fuir de semblables atrocités. » Ib.

5. Ib. Dénonciation de Salaignac, ex-maire de Bagnères. Cf. plus loin la défense de Monestier.

6. Archives de la mairie de Tarbes. Registre de la Société populaire (au 4 pluviose an III).

Représentant du peuple Féraud, sous prétexte qu'il n'était pas montagnard et nomma une commission pour examiner sa conduite.[1] »

Il n'était pas aussi, en matière de probité, de la dernière délicatesse.
Six mois après son départ, la Société populaire de Tarbes lui faisait
demander une reconnaissance, en décharge, d'une épée à poignée
d'argent et de sommes qui lui avaient été remises pendant son procon-
sulat.[2]

Tel était l'homme qui allait, pendant six mois, terroriser les deux
départements livrés à sa fureur.

CHAPITRE III

LES AUTORITÉS DU DÉPARTEMENT

1. — DIRECTOIRE DU DÉPARTEMENT : AUTHENAC, JACQUES BARÈRE,
BERNARD, CARLES, DANTON, LAMARQUE, VERDOT, LAÏRLE. — DISTRICT
DE TARBES : LACAY, DIRECTOIRE, CONSEIL, CANDELLÉ-BAYLE. — III.
COMITÉ DE SURVEILLANCE : MASCASSIES, DELALOY, CHEVRAND, AUTRES
MEMBRES.

I

Monestier du Puy-de-Dôme trouva, dans les auxiliaires que la loi lui
faisait l'obligation de choisir, une obéissance et un concours plus ou
moins aveugles.

L'article 6 de la section III de la loi du 14 frimaire portait que « les
conseils généraux, les présidents et les procureurs généraux syndics de
département étaient supprimés. L'exercice des fonctions de président
devait alterner entre les membres du Directoire et ne pouvait durer plus
d'un mois.

Le Conseil, nous l'avons vu, s'était dissous ; le président et le procureur général syndic avaient renoncé à leur charge. Le Directoire, après

1. Archives nationales, DIII, page 355. Dénonciation d'Ozun. — Cf. Archives nationales, A F II. carton 134-1030, une lettre de Monestier datée d'Orthez
le 16 pluviôse an II, et encore F. A. Aulard. *Recueil, etc.*, tomé VIII. Lettre de
Féraud du 21 novembre 1793.

2. Archives de la mairie de Tarbes. Registre de la Société populaire (13 nivôse
an III).

les diverses épurations qu'il avait subies, se présentait au complet avec
ses huit membres : Destieux, Lamarque, Carles, Danton fils, Authenac, Jacques Barère, Bernard et Verdot. Vers la fin de nivôse ou les
premiers jours de pluviôse (15-25 janvier 1794),[1] Destieux fut remplacé,
à l'Administration centrale, par l'ancien procureur général syndic du
département, Laïrle.

Il ne sera pas hors de propos de faire connaître ces hommes qui
jouèrent un rôle aux côtés de Monestier, dont certains furent ses
agents et d'autres ses victimes.

Jean-Bertrand Authenac, âgé de 33 ans à l'époque où nous sommes,
était né à Ilhet, petit village de la vallée d'Aure.[2] Son oncle, était curé de
Recurt et l'avait fait même, en mourant, héritier de sa bibliothèque.[3]
Homme de loi avant la Révolution, puis avoué près le tribunal du district
de la Neste, il fut nommé, en 1791, administrateur du département des
Hautes-Pyrénées. Ses collègues le portèrent au Directoire. Il n'y dissi-
mula pas « son affection particulière pour le ci-devant seigneur de la
commune de Labatut », qui présidait l'Administration. « On le vit,
flagornant sans relâche un homme qui n'eut jamais que des opinions
mêlées de feuillantisme, de modérantisme et souvent même d'aristocratie.[4] » Jean-Pierre Barère, frère de Bertrand le conventionnel,
l'accusait encore d'avoir, « dans le Directoire de 1792, soutenu par son
silence les prêtres réfractaires[4] »

Procureur général syndic en remplacement, il fit, dans l'assemblée
départementale de juin 1793, contre les girondins, un discours fort
éloquent et fort énergique qu'il termina, en requérant le Département
des Hautes-Pyrénées « de demander à la Convention la tête de tous
les chefs de parti[5] ».

1. Archives des Hautes-Pyrénées, série L. 1, d. Directoire du département. Manuscrits (à ces dates).

2. Canton d'Arreau.

3. Archives des Hautes-Pyrénées, série C. Registre des insinuations de
Galan, 4 septembre 1780.

4. Mémoire de Bousigues et rapport de Jean-Pierre Barère contre Authenac, à
la Société populaire de Tarbes, le 17 ventôse an II. Archives particulières de M.
Gaston Balencie.

5. Extrait du registre des délibérations du Département des Hautes-Pyrénées.
Archives de M. Gaston Balencie.

« Au jugement des esprits les plus clairvoyants, dit encore J.-P. Barère, il ne dut qu'à sa haine implacable contre quelques-uns de ses collègues et à l'inverse de leurs opinions, l'espèce de courage avec lequel il se prononça dans l'affaire de la Gironde [1] ».

Ainsi parlaient ses ennemis. Ses amis au contraire le donnaient pour « un républicain vertueux, ami et aimé de ses concitoyens, qu'on n'avait vu intriguer dans aucun parti que celui de la chose publique [2] ». Monestier le connaissait et lui avait rendu le témoignage que, « soit en qualité d'administrateur, soit en celle de procureur général syndic en remplacement, il n'avait jamais mérité d'être censuré, ni même improuvé par ses précédents collègues, qu'au contraire, dans ces jours d'orage et de schisme politique, il avait montré, ainsi que le citoyen Laîrle, procureur général syndic, un grand caractère, beaucoup d'énergie, une profonde connaissance des vrais principes, un fort et louable attachement à l'unité et à l'indivisibilité de la République [3] ».

« Rappelé à son poste par le gouvernement révolutionnaire, il s'en tint longtemps éloigné, pour se donner, auprès des Représentants du peuple, les apparences d'un personnage nécessaire et aider peut-être aux préventions contre le Département. [4] »

« Le seul administrateur qui eût été conservé en place après le 31 mai, il devint le persécuteur le plus acharné de ses malheureux collègues, jusqu'à demander leurs têtes ; il partagea tous les crimes du proconsul ; il colporta dans tout le département des adresses multipliées dans lesquelles il demandait la tête de la députation en entier, Barère excepté. [5] »

Jacques Barère, cousin germain de Barère de Vieuzac le conventionnel. était né à Tarbes, le 30 octobre 1759, d'un notaire qui, tout en tenant le bureau des insinuations ecclésiastiques, [6] siégeait comme

---

1. Rapport de J.-P. Barère. Archives de M. Gaston Balencie.

2. Archives nationales, F. 1, b, 11. Hautes-Pyrénées.

3. Archives des Hautes-Pyrénées, série L. 1, f. Manuscrits (7 septembre 1793).

4. Rapport de J.-P. Barère.

5. Archives nationales, F. 1, b, 11. Hautes-Pyrénées. Dénonciation de la députation en l'an V. — Cf. Rapport de J.-P. Barère. Archives des Hautes-Pyrénées, série L. 11, b. District de la Neste, 19 fructidor an III.

6. Archives du Grand Séminaire de Tarbes. Actes de prise de possession de bénéfices.

assesseur au tribunal de la maréchaussée de Tarbes et remplissait les fonctions de juge seigneurial dans les baronnies d'Astugue et de Castelvieilh et dans le marquisat de Bénac.[1] Le fils, reçu avocat au parlement, postulait près des mêmes sièges. Successivement administrateur et membre du Directoire du district de la plaine, président du tribunal civil de Tarbes, il fut nommé, par Monestier du Puy-de-Dôme, à la date du 7 septembre 1793, pour faire, aux côtés de son père, partie de l'Administration du département. Le Représentant l'avait, en même temps, placé au Directoire. Ses ennemis disaient autrefois de lui, « qu'il était plus occupé de sa frisure, de son chapeau et de son attention à regarder son ombre au soleil, que de s'instruire et de s'occuper des affaires du Directoire. Il s'agitait et se tourmentait pour éloigner des élections les anciens agents des seigneurs, lorsqu'il avait naguère tout mis en œuvre et tout employé pour être lui-même l'agent des seigneurs[2] ».

« Membre perpétuel des sociétés populaires, disait le District, il avait combattu, par ses discours et ses écrits, tous les genres d'aristocratie, les prêtres réfractaires, le système de Lafayette, les deux chambres et surtout le fédéralisme. Il avait voté la mort du tyran dans les assemblées primaires, fait beaucoup d'offrandes patriotiques, prononcé les éloges de Mirabeau et Lepelletier. On pouvait l'employer à l'amélioration de l'esprit démocratique.[3] »

Pierre-Michel Bernard, né à Paris, sur la paroisse Saint-Eustache, le 2 février 1766, était un peintre, élève de David et de Regnault, qui s'était fixé à Bagnères vers 1791[4]. Le Département le nomma, en mai 1792, « pour occuper la place de maître de dessin » dans le collège de Tarbes.[5] Au mois d'avril 1793, il s'offrit, l'un des premiers, pour former la garnison de Navarrenx. Ardent, il se fit remarquer par le Représen-

---

1. Archives des Hautes-Pyrénées. B. Informations du sénéchal 1788. — Justice de Castelvieilh, Bénac et Astugue, ib.

2. Pamphlet contre les Barère. Archives du docteur Fontan, de Tarbes.

3. Archives des Hautes-Pyrénées, série L. II, b. District de Tarbes. (10 frimaire an II).

4. Archives du docteur Fontan. Concours pour l'école centrale. — Archives des Hautes-Pyrénées, série L. II, b. District de Tarbes (10 frimaire an II).

5. *Journal des Hautes-Pyrénées*, numéro 23, 15 mai 1792.

tant du peuple Monestier qui en fit, le 12 août 1793, un des membres
du Comité de surveillance de Tarbes.[1] Dartigoeyte et Cavaignac le
nommèrent au Directoire du département, où le gouvernement révolutionnaire le trouva. Le 29 pluviôse an II (17 février 1794), il épousa
Marie Barère, sœur du précédent.[2] Bernard fut l'un des plus dévoués
séides de Monestier qui, lors de sa démission de membre du Département,
le 6 germinal an II (26 mars), le maintint au Comité de surveillance.

Joseph Carles, né à Tarbes le 16 juillet 1738, était le cousin du père
de Bertrand Barère de Vieuzac et, par conséquent, l'oncle du conventionnel et de Jacques Barère, son collègue au Directoire. Avocat en
parlement, il était, avant la Révolution, lieutenant de juge en la baronnie
de Castelvieilh; juge de M. l'abbé et de messieurs les religieux béné-
dictins de Saint-Sever de Rustan;[3] receveur des décimes du diocèse de
Tarbes et, en cette qualité, régisseur et administrateur des biens de
l'ordre du Saint-Esprit dépendant du prieuré de Maubourguet.[4]
Maire de Tarbes en 1790, il ne fut point réélu en 1791.[5] Membre du
premier Comité de surveillance de Tarbes, il fut député par ce corps
pour prendre part à l'assemblée départementale de juin.[6] Il ne paraît
point avoir adhéré aux girondistes. Le District de Tarbes, dans un
tableau des aspirants fonctionnaires dressé le 10 frimaire an II (30
novembre), disait de Joseph Carles qu'il avait tonné contre les deux
chambres et contre le fédéralisme[7] ». Un de ses parents aimait plus
tard à se faire un titre de gloire « du beau rôle que joua le bon et
généreux M. Carles », dans la grande scène qui se passa à Tarbes,
lors de l'envoi des administrateurs à la barre de la Convention. Il eut
le courage de s'opposer, en faveur de ses ennemis mêmes, aux projets

1. Archives des Hautes-Pyrénées, série L. 1, c. Imprimés.

2. Registre de l'état-civil de Tarbes.

3. Archives des Hautes-Pyrénées, série B. Justice de Castelvieilh. — B. 2152.
Temporalité de Saint-Sever.

4. Archives des Hautes-Pyrénées, série E. Titres de famille. Lamothe.

5. Archives de la mairie de Tarbes. Registre des délibérations.

6. Archives de M. Gaston Balencie. Extrait des délibérations du département.

7. Archives des Hautes-Pyrénées, série L. 11, b. District de Tarbes (10 frimaire).

sanguinaires des Représentants [1] ». Monestier ne lui tint pas rigueur car, lors de l'épuration qu'il accomplit le 2 août 1793, il le nomma au Directoire du département, en remplacement des administrateurs destitués. En retour il ne le maintint pas au Comité de surveillance.[2]

Jean-Bernard Danton, né à Tarbes le 18 octobre 1767, était fils d'un cabaretier originaire de Saint-Arrailles, diocèse d'Auch, et fixé, depuis plusieurs années, à Tarbes. Danton père trouva, dans son débit de vins et dans la location à ferme des terres du commandeur d'Aureilhan, des seigneurs d'Oursbellile et d'Andrest, de celles du chapitre et de l'œuvre mage,[3] les moyens de faire élever ses fils. Jean-Bernard, adjoint à l'agent militaire pour le recrutement opéré dans le district de Tarbes en vertu de la loi de février 1793, fut bientôt nommé agent supérieur pour le département.[4] En juin 1793, « il combattit ouvertement le fédéralisme et reçut, au témoignage de ses amis, « un coup de stylet pour avoir tonné contre les girondins[5] ». D'autres au contraire racontaient qu'il avait eu, à cette époque, une rixe avec son frère qui lui donna un coup de couteau.[6] Comme il était de bon ton de se prétendre assassiné, il fit répandre vaguement le bruit qu'il avait reçu le coup de la part de quelques jeunes gens de la compagnie des chasseurs à cheval de Tarbes ». Tandis que, pour ses adversaires politiques, « il ne se faisait remarquer que par son exagération », ses amis disaient de lui : « C'est un républicain si vertueux et si grand défenseur de la liberté qu'on l'a maintes fois comparé au Caton d'Utique[7] » Monestier du Puy-de-

1. Archives du Grand Séminaire de Tarbes; *Un mot sur les élections de 1830*, par Betbèze, ex secrétaire-général de la Faculté de droit de l'Académie de Toulouse.

2. Archives des Hautes-Pyrénées, série L. 1, c. Imprimés. 13 août. — Archives nationales, A F 11, carton 134-1019.

3. Dutilh, notaire, 5 septembre 1780, 2 mars 1787. Borgela, notaire, 30 novembre 1781, etc.

4. Archives des Hautes-Pyrénées. Etat des fonctionnaires, série M.

5. Archives des Hautes-Pyrénées, série L. 11, b. District de Tarbes (10 frimaire an II).

6. Joseph Danton fils, voiturier de Tarbes fut obligé de signer le 20 août 1790 une obligation de 130 livres pour dommages à Philippe Dubin directeur des spectacles. (Archives des Hautes-Pyrénées, série C. Registre de contrôle. Bureau de Tarbes le 31 août 1790). Etait-ce le frère de Jean-Bernard ?

7. Archives nationales F. 1, b, II. Hautes-Pyrénées.

Dôme, qui le tenait pour « un des meilleurs, des plus prudents et des plus prononcés patriotes de Tarbes,[1] » le nomma au Directoire du département, dans l'épuration du 2 août.[2]

Jean Lamarque naquit à Argelès le 2 février 1841, de Jean Lamarque, bourgeois de ce lieu et d'Anne Lanère, de Saint-Pé. Il était, avant la Révolution, avocat en parlement et receveur des fermes du roi.[3] Elu, dès 1790, procureur syndic du district du Gave, il exerça cette charge jusqu'en 1792.[4] A cette date, il fut porté au Directoire du département, mais il renonça à cette place.[5] Monestier l'y rappela le 2 août et l'y maintint, en septembre, « comme ayant bien servi la patrie et bien mérité de la Convention nationale[6] ».

« Patriote décidé », au témoignage du District de Tarbes dans son tableau des fonctionnaires, digne des fonctions publiques, il fut conservé en place dans le nouveau gouvernement, malgré que son cousin, François Lanère, commissaire national à Lourdes, eût été inscrit sur la liste des suspects.

Jean-Baptiste Verdot était originaire de Loudervielle en Louron. Maître ès-arts et devenu prêtre, il fut quelque temps vicaire d'Arreau ; présenté à la cure de Loudenvielle et Aranvielle son annexe, il en prit possession le 14 novembre 1789.[7] Il devint bientôt curé d'Armenteule et c'est là que l'évêque constitutionnel, Molinier, le prit pour en faire, en 1791, son vicaire épiscopal. Le 2 avril 1793, Monestier le fit entrer dans l'Administration du département.[8] Deux mois après, Dartigoeyte parlant de cette Administration, écrivait au Comité de salut public : « En général, le Département est bien composé, quoiqu'on y désirât

1. Archives des Hautes-Pyrénées, série L. 1, c. Imprimés (13 août).

2. Archives nationales, A F II, carton 134-1029.

3. Magenties, notaire à Lau, le 6 septembre 1774.

4. Archives nationales, F. 1, c, III. Hautes-Pyrénées. — Almanach de 1792.

5. Archives nationales, F. 1, c, III. Hautes-Pyrénées. — Cf. Almanach de 1793.

6. Archives des Hautes-Pyrénées, L. 1, f. Manuscrits.

7. Revue de Comminges, tome XIII, page 125. Liste dressée par M. l'abbé Verdier, alors vicaire de Castelnau-Magnoac.

8. Archives nationales, A F II, carton 134-1029.

moins de prêtres ; mais Monestier a été forcé de choisir des prêtres
par le manque de sujets capables et patriotes.[1] » Un mois ne s'était
pas encore écoulé que Dartigoeyte, de concert avec Cavaignac, nommait Verdot au Directoire du département.[2] Il est vrai que le nouveau
directeur était si peu prêtre ! Le 10 germinal suivant (30 mars 1794),
le jour de la fête de la Raison, on lut dans le temple de la divinité, en
présence du peuple réuni, une lettre où le ci-devant vicaire épiscopal
déclarait ne vouloir plus exercer les fonctions ecclésiastiques.[3] Conservé
à l'Administration centrale par Monestier, il fut un de ses plus fidèles
amis.

Le procureur général syndic de l'ancienne Administration, Jean
Laïrle, que le Représentant avait fait entrer dans le Directoire nouveau,
était né à Barbazan-Debat, le 10 octobre 1746. Il résidait à Tarbes,
sans doute depuis qu'il avait été reçu avocat en parlement. En 1770,
il y recueillait une partie de l'héritage d'un oncle, ancien gendarme de
la garde du roi. Postulant[4] aux sièges d'Ossun, de Castelvieilh et
d'ailleurs, il reçut de M. le comte de Castelbajac la charge de lieutenant de juge civil, criminel et gruyer de la baronnie de Barbazan.[5]
Dans les derniers temps de l'ancien régime, Laïrle succéda à Jean-
Bernard Castéran, dans les fonctions de régisseur des biens de M. de
Gramont.[6] Il épousa, en 1777, demoiselle Anne Barère, sœur de
Jacques, son collègue au Département, et cousine germaine de Barère
de Vieuzac. Jusqu'au moment de la Révolution, Laïrle avait vécu assez
effacé. « Il faut le placer, disait de lui un pamphlet, dans le
genre neutre ; la trempe de son âme ne lui permet d'obliger ni de
nuire.[7] » Procureur de la commune de Tarbes en 1790, il aban-
donna ces fonctions, le 11 juin de la même année : « Le fléau désas-
treux de la grêle que le ciel nous a envoyé, écrivait-il dans sa lettre de

1. Aulard. *Recueil des actes*, ib., tome VII, page 193.

2. Archives nationales, A F II, carton 134-1025.

3. Archives de Tarbes. Registre des délibérations (au 17 germinal).

4. Borgela, notaire, 8 octobre 1770.

5. Archives des Hautes-Pyrénées, série B. 1631

6. Archives des Hautes-Pyrénées, série L. 1. d. Manuscrits (6 vendémiaire
an III).

7. Pamphlet contre les Barère. Archives du docteur Fontan, de Tarbes.

démission, m'a enlevé tout le revenu de mes biens, mon unique res-source. La divine Providence m'a châtié, je l'avais sans doute mérité. Grâces immortelles lui en soient rendues. Ma famille nombreuse m'appelle et me retient aujourd'hui près d'elle pour fournir à sa subsistance.[1] » Ces sentiments sont bien ceux du sous-prieur de la confrérie des Pénitents de 1806.[2] En 1791, nous le retrouvons receveur du district de Tarbes, où il demeure jusqu'en juillet de la même année. A partir de juillet jusqu'en novembre 1792, il est membre du Directoire du département. Lors des élections qui suivirent la réunion de la Convention nationale, il fut porté à la place de procureur général syndic. Aux assemblées de juin 1793, « il fit un discours énergique contre les girondins,[3] » qui lui mérita les éloges du Représentant du peuple Monestier du Puy-de-Dôme. Celui-ci, non content de le maintenir dans la place de procureur au 2 août et au 7 septembre, voulut qu'il entrât dans l'Administration nouvelle. « C'est un républicain vertueux, disaient ses amis ; c'est le flambeau de Tarbes et le premier avocat du pays. Il est aimé de ses concitoyens et les royalistes ne peuvent s'empêcher de l'estimer.[4] » Ses adversaires au contraire répliquaient « qu'il fut l'un des confidents intimes du Représentant Monestier et le coopérateur le lplus actif des atrocités qu'il a commises dans le département ; il appelait le proconsul son papa et celui-ci le qualifiait de b... b...[5] ».

Tels étaient les hommes de cette Administration centrale qui commença à fonctionner, dès les premiers jours de nivôse, avec la présidence provisoire de Jacques Barère et celle de Lamarque. Elle eut ensuite à sa tête, dès le 17 du mois de nivôse (6 janvier 1794), le citoyen Joseph Carles qui la présida encore en pluviôse.[6] Si j'ajoute que le citoyen Authenac ne parut au Directoire qu'à partir du 22 ventôse (12 mars 1794)[7] et que Bernard quitta l'Administration le 6 germinal (26 mars),[8]

1. Archives de Tarbes. Registre des délibérations, 11 juin 1790.

2. Archives de la paroisse de Saint-Jean. Registre de la Confrérie.

3. Extrait des délibérations du Département. (18-21 juin 1793). Archives de M. G. Balencie.

4. Archives nationales, F. 1, h, II. Hautes-Pyrénées.

5. Archives nationales, F. 1, b, II. Hautes-Pyrénées.

6. Archives des Hautes-Pyrénées, série L. 1, d. Manuscrits, à ces dates.

7. Ib.

8. Archives nationales, D. III, 208,

j'aurai raconté toute l'histoire du personnel de ce Directoire jusqu'en prairial.

II

A côté du Département et non plus, comme autrefois, au dessous de lui, se trouvaient les Districts. Le nouveau régime les avait constitués, en tout ce qui regardait les mesures révolutionnaires, dans une indépendance absolue des Directoires centraux. Ils ressortissaient immédiatement aux Comités de salut public et de sûreté générale auxquels ils rendaient leurs comptes tous les dix jours.

Leurs attributions consistaient « exclusivement à surveiller l'exécution des lois révolutionnaires, des mesures de sûreté générale et de salut public dans leur arrondissement. L'application de ces lois, de ces mesures était confiée aux municipalités et aux comités de surveillance, dans l'étendue de leurs ressorts. Mais les comités et les municipalités en devaient compte, tous les dix jours aux Districts.[1] »

Le Représentant du peuple Monestier ne paraît guère avoir eu de relations directes qu'avec le District de Tarbes. Et même encore ses rapports avec cette Administration sont peu fréquemment signalés dans les documents qui nous ont été conservés. Hâtons-nous d'ajouter que leur importance compense leur rareté : c'est, de concert avec le District de Tarbes, que le Représentant a travaillé à l'abolition du culte catholique dans le département ; c'est dans le District de Tarbes que Monestier a trouvé la pierre d'achoppement qui procura sa chute.

Le président, Martial Lacay, né à Tarbes en 1742, était un ci-devant conseiller au sénéchal que la Révolution trouva maire de Tarbes. Il arbora le premier la cocarde nationale et se signala par beaucoup d'offrandes patriotiques.[2] « Grand propriétaire, écrit de Lacay, en l'an VIII, un de ses amis, il jouissait de l'estime et de la confiance de ses concitoyens.[3] » Les électeurs cependant attendirent l'année 1791 pour lui marquer leur faveur. Ils le portèrent alors à l'Administration du district dont il devint le président. Conservé en place en

---

1. Aulard. *Recueil des actes*, etc., tome IX, page 173.

2. Archives des Hautes-Pyrénées, série L. District de Tarbes (10 frimaire).

3. Archives nationales, F. 1, b, II. Hautes-Pyrénées.

1792,[1] il y fut aussi maintenu par le Représentant Monestier en septembre 1793.[2]

Du vice-président Bousigues, nous aurons à parler longuement plus tard.

Le Directoire comptait encore les citoyens Jacques Darroy, Antoine-Hyacinthe Pradaux, Pierre Bordenave fils. Le premier ci-devant procureur au sénéchal et coseigneur de Bours,[3] puis officier municipal, « avait prêché contre le fédéralisme sur les places publiques[4] ». Ce lui fut une recommandation pour Monestier à qui, vu certaines mœurs du Représentant, la gaîté de Darroy ne devait pas déplaire davantage. Il le nomma, au mois d'août, administrateur du département,[5] puis, en septembre 1793, membre du District de Tarbes.[6]

Pradaux, « la terreur des aristocrates,[7] » était, avant la Révolution, receveur des droits réunis au bureau de Tarbes. Originaire de Limoges, ses fonctions et son mariage avec demoiselle Jacquette Daléas, l'avaient fixé à Tarbes. Ses nouveaux concitoyens l'avaient élu officier municipal en 1791 ; il ne le fut qu'une année.[8] Monestier le remit dans la politique en le plaçant au District le 3 septembre 1793.[9]

Bordenave fils, était un jeune avocat au ci-devant parlement, à peine âgé de 27 ans. Monestier en avait fait, pendant une quinzaine de jours, du 20 août au 3 septembre, le procureur syndic du district de la Plaine ;[10]

---

1. Almanachs de 1792 et 1793.

2. Archives des Hautes-Pyrénées, série L. 1, c. Manuscrits (27 septembre 1793).

3. Archives des Hautes-Pyrénées, série L. 11, b. District de Tarbes (10 frimaire).

4. Borgela, notaire à Tarbes, 15 décembre 1789.

5. Archives nationales, A F II, carton 134-1029.

6. Archives des Hautes-Pyrénées, L. 1, c. Manuscrits (2 septembre 1793). Il avait fait comme Bordenave un intérim de 15 jours au District du 20 août au 3 septembre.

7. Archives des Hautes-Pyrénées, série L. 11, b. District de Tarbes (10 frimaire).

8. Almanachs de 1792 et 1793.

9. Archives des Hautes-Pyrénées, série L. 1, c. Manuscrits (2 septembre 1793).

10. District de la Plaine ou de Tarbes. — Archives des Hautes-Pyrénées, série L. 11, b. Administration du district de Tarbes à ces dates. — Série L. 1, c. Manuscrits (2 septembre 1793).

puis, à cette dernière date, il lui avait retiré cette charge pour en faire un directeur du même district.[1]

Les membres du Conseil étaient les citoyens Abadie, Campan, Clarac, Fontan, Mascassies, Menon et un autre dont nous n'avons trouvé le nom dans aucune délibération et qui dut sans doute démissionner aussitôt après sa nomination.

Jean-François Abadie était fils d'un notaire royal de la ville de Sarrancolin. Son mariage avec demoiselle Andrée Baratgin, de Galez, l'avait amené dans ce village.[2] Commandant de la garde nationale de l'endroit, il poursuivit, en 1792, son curé Minviello, faux assermenté, qu'il fit condamner à 9 mois de détention.[3] Cette même année, de concert avec le citoyen Jacques Vivant, son compatriote de Sarrancolin, il s'était engagé à fournir de blé les marchés d'Arreau et de Lannemezan. Le Département leur avait fait une avance de 8,000 livres remboursables au 15 août. Le 11 septembre le District de la Neste était obligé de les assigner en paiement de la somme.[4] A la fin de la même année Abadie dénonçait le maire de Galez pour incivisme.[5] Cette ardeur à signaler les traîtres lui avait sans doute donné, parmi les patriotes, un excellent renom, puisque la tare de Bernard-Romain son frère, reclus pour fédéralisme, ne lui causa aucun préjudice.[6]

Abadie était un homme nouveau, comme ses collègues Pierre Menon, maître chirurgien d'Ossun, et Claude Mascassies, d'Ibos. Ce dernier, âgé de 26 ans, étudiait la médecine avant la Révolution.

1. Archives des Hautes-Pyrénées, série L. 1, c. Manuscrits (2 septembre 1793).

2. Galez, commune du canton de Galan. — Clarens, notaire à Campistrous, 26 février 1778.

3. *Journal des Hautes-Pyrénées*, 4 mai 1792.

4. Archives des Hautes-Pyrénées, série L. 11, b. District de la Neste. Tableau des opérations du Directoire de ce district, 11 septembre 1792.

5. Archives des Hautes-Pyrénées, série L. 1. c. Manuscrits (8 messidor).

6. Bernard-Romain Abadie était demeuré à Sarrancolin. C'était un ci-devant avocat au Parlement ; juge de la ville de Sarrancolin pour monseigneur Marc-Antoine de Noé, évêque de Lescar, son seigneur; substitut du procureur général du roi aux sièges de la vallée d'Aure. Administrateur du district de la Neste en 1790, il n'avait pas été réélu en 1792, mais le Département le choisit, le 7 juin, pour remplacer un des administrateurs de ce même district suspendu. Il prit part avec ses collègues aux affaires de la Gironde, fut suspendu et reclus par Dartigoeyte.

Doux et populaire », il avait été élu commandant du bataillon de son canton.[1] Le président du Comité de surveillance, son oncle, contribua peut-être à le faire entrer au District.

François Campan, d'Ibos, était membre de l'Administration depuis 792 ; Simon Clarac, de Cabanac, en était depuis la formation des corps administratifs.[2]

Barthélemy Fontan, de Galan, dont nous aurons à parler plus loin, ppartenait au District depuis 1792.[3]

Après épuration, le District de Tarbes avait conservé, pour agent national, le procureur syndic que Monestier du Puy-de-Dôme lui avait donné précédemment. C'était le citoyen Jean-François-Léon Candellé-Bayle, d'Ossun.[4] Au mois d'août 1793, le Représentant, racontait-il lui-même plus tard, « l'arracha, d'une manière bien inattendue, aux douces occupations d'un ménage champêtre et de l'étude des lois[5] ». Ses occupations pastorales et ses études ne l'avaient pas empêché cependant d'aider au triomphe des idées nouvelles. En décembre 1790, ses concitoyens d'Ossun « formaient un syndicat en sa faveur pour agir contre leur ancien seigneur, à raison de fiefs[6] ». « Il avait combattu les aristocrates, les prêtres réfractaires et le fédéralisme, disait le District en frimaire an II. Très ardent pour la cause du peuple, il avait fait des discours sur la nature des fonctions administratives et sur la nécessité de faire de bonnes élections. Un jour qu'il assistait à une séance du club à Bagnères, il y avait tonné contre la superstition.[7] » Tout ce bruit qu'il faisait autour de sa personne n'était sans doute pas pour que personne ne songeât à lui. Et j'imagine qu'il attendait vraiment que quel-qu'un pensât à le produire. Son introducteur dans la politique fut le

1. Archives des Hautes-Pyrénées, série L. II, b. District de Tarbes (10 frimaire an II).

2. Archives nationales, F. I, c, III. Hautes-Pyrénées. — Almanachs de 1792 et 1793.

3. Almanach de 1793.

4. Archives des Hautes-Pyrénées, série L. II, b. District de Tarbes (à ces dates).

5. Archives nationales, F. I, b, II. Hautes-Pyrénées.

6. Jacomet, notaire d'Ossun, 13 décembre 1790.

7. Archives des Hautes-Pyrénées, série L. II, b. District de Tarbes (10 frimaire an II).

citoyen Monestier du Puy-de-Dôme qui le nomma, par son arrêté du 2 août 1793, administrateur du département.[1] Le 20 août il était membre du Directoire du district de Tarbes; enfin le 3 septembre, il commençait, près cette Administration, ses fonctions de procureur syndic.[2] « C'était, disaient ses amis, un républicain austère, aimant beaucoup à faire exécuter les lois. » Ses ennemis au contraire lui reprochaient, après sa sortie de charge, « de n'avoir jamais été élu par le peuple et d'avoir été destitué pour avoir vexé ses concitoyens[3] ».

III

Une place spéciale doit être donnée, dans cette étude, aux « sentinelles de la liberté », comme le Comité de salut public appelle les comités de surveillance.[4] Nous ne parlerons cependant que du Comité de Tarbes, autant à cause de ses pouvoirs que les Représentants avaient étendus sur tout le département, qu'à cause des hommes qui le composaient et qui furent, en plusieurs circonstances, les exécuteurs des ordres de Monestier et ses agents particuliers. Le ci-devant chanoine l'avait formé lui-même de ses créatures les plus dévouées et des sans culottes les plus décidés.

Lors de sa fondation, le 12 août 1793, Monestier lui donna pour président le citoyen Bertrand-Augustin Mascassies.[5] Né à Ibos vers 1745, il s'était fait recevoir avocat au parlement de Paris. Il se fixa dans cette ville et s'y maria. Après un séjour de 18 ans, il rentra, au mois d'octobre 1789, « muni de la procuration du ci-devant duc de la Force, marié avec l'héritière d'Ossun. Il alla s'installer dans la commune et au château de ce nom comme agent du seigneur[6] ». Ses débuts de régisseur ne furent pas heureux. Un soulèvement populaire éclata, le 22 novembre suivant, dans lequel Mascassies manqua d'être tué : « Il fut atteint, au dessus du sourcil gauche, d'une pierre dont il fut renversé

1. Archives nationales, A F II, c. 134-1029.

2. Archives des Hautes-Pyrénées, série L. II, b. District de Tarbes (à ces dates).

3. Archives nationales, F. 1, b, II. Hautes-Pyrénées.

4. Aulard. *Recueil des actes*, etc., tome IX, page 166.

5. Archives des Hautes-Pyrénées. Série L. 1, c. Imprimés.

6. Archives nationales, F. 1, b, II. Hautes-Pyrénées.

et laissé expirant sur une prairie. Porté sur son lit, il ne put sortir pendant un mois et les gens de l'art plusieurs fois craignirent pour ses jours. » Le sénéchal, sur la plainte du blessé, commença une information contre le notaire Jacomet, précédent régisseur, accusé d'avoir provoqué la sédition. Le 16 avril 1790, Mascassies se désista de sa plainte et déclara, par devant notaire, qu'il reconnaissait Jacomet pour un homme d'honneur et de probité. Cela n'empêcha pas ce dernier, inscrit par Dartigoeyte sur la liste des suspects, de gémir plusieurs mois en réclusion.[1]

Mascassies vainquit bientôt les premières hostilités ; car la confiance de ses concitoyens le choisit pour électeur du canton, en 1791. L'assemblée électorale lui confia un rapport sur l'élection du citoyen Dintrans, comme accusateur public.[2]

« Les biens du seigneur d'Ossun ayant été réellement saisis, il sollicita et obtint la procuration des créanciers de M. de la Force et, d'agent qu'il était du ci-devant seigneur, il devint sa partie adverse.[3] »

N'ayant plus de raisons pour demeurer à Ossun, il vint se fixer à Tarbes. Il fut nommé suppléant du tribunal civil puis, comme nous l'avons dit, membre du Comité de surveillance.[4]

A la fin de 1792, ou au commencement de 1793, un marchand, qui lui avait confié en dépôt des effets et des sommes assez considérables, engagea contre Mascassies une instance « qui répandit des nuages sur sa probité et sa délicatesse[5] ». Monestier néanmoins n'en avait pas tenu compte, lorsqu'il s'était agi de le nommer au Comité révolutionnaire, soit que l'accusation ne lui parût pas fondée, soit qu'il estimât l'affaire de trop peu d'importance. Mais les haines que Mascassies excita « en combattant le fédéralisme et le girondisme,[6] en propageant

---

1. Archives des Hautes-Pyrénées, série B. 810.

2. Archives nationales, F. 1, c, III. Hautes-Pyrénées.

3. Archives nationales, F. 1, b, II. Hautes-Pyrénées. — Archives des Hautes-Pyrénées, série L. 1, d, 22 octobre 1792.

4. Archives de la mairie de Tarbes. Registre des délibérations (29 brumaire an III).

5. Archives de la mairie de Tarbes. Registre des délibérations (1er ventôse an III).

6. Archives des Hautes-Pyrénées, série L. 11, b. District de Tarbes (10 frimaire an II).

le terrorisme [1] » de toute son activité, déchaînèrent une tempête contre
lui. On reparla de son affaire toujours pendante avec le marchand ; on
l'accusa « de prêter de l'argent à un intérêt d'une usure énorme ». Il
aurait « abusé de la confiance du cidevant duc de la Force en mettant
son nom à une procuration en blanc, que le duc n'avait aucune intention de lui accorder et qu'il désavoua par un acte notarié [2] ». En remon-
tant plus haut dans sa vie, on trouva « qu'il avait eu des démêlés avec
la justice criminelle et qu'on l'avait vu chargé de fers dans la prison du
Châtelet. Les uns prétendaient qu'il fut flétri par le jugement qui inter-
vint sur la procédure intentée contre lui. D'autres disaient que le
ci-devant marquis d'Ossun, qui jouissait alors d'une haute considération,
lui épargna cette infamie [3] ».

Les amis de Mascassies reconnaissaient « qu'un mandat d'arrêt avait
été lancé contre lui, en 1787, à Paris », mais ils ajoutaient que, « posté-
rieurement à ce mandat, il avait joui amplement de la confiance du
ci-devant marquis d'Ossun dont la probité n'était pas ignorée ; qu'il
avait conservé, jusqu'en l'année 1789, époque de son retour à Ossun,
son nom sur le tableau de l'ordre des avocats de Paris. Il avait encore
rempli, en 1789, les fonctions de lieutenant de son district à Paris. [4] »
Enfin, terminaient-ils, l'instance engagée au tribunal ne fournit aucune
preuve contre Mascassies. [5] Tel était le président du Comité révolutionnaire. Voyons ses séides.

Les plus importants étaient les citoyens Bernard, Delaloy et Chevrand.

1, Archives de la mairie de Tarbes. Registre des délibérations (1er ventôse
an III).

2. Ib. (29 brumaire an III).

3. Archives nationales, F. 1, b, 11. Hautes-Pyrénées.

4. Archives de la mairie de Tarbes, Registre des délibérations (2 novembre
an III).

5. Ib. (1er ventôse an III). Monestier du Puy-de-Dôme, par arrêté du 29
nivôse (17 janvier 1794), suspendit provisoirement Mascassies de ses fonctions et
le mit en arrestation chez lui, sous la garde d'un gendarme, à ses frais. Un nouvel
ordre du Représentant, du 14 germinal (3 avril), l'envoya dans la maison de
réclusion, où il occupa ses loisirs « en donnant à son fils une éducation soignée ».
(Archives de la mairie de Tarbes, 21 vendémiaire et 29 brumaire an III. — Archives des Hautes-Pyrénées, Comité de Tarbes. Série L. 1v, b. Compte décadaire du
30 vendémiaire an III (au 26 vendémiaire).

Louis-Henri Delaroy, étranger au département comme plusieurs de ses collègues du Comité de surveillance, était originaire de Fontenay-le-Comte en Vendée, où il naquit vers l'année 1758. « Il avait relevé des parties casuelles un office d'huissier priseurs près la cidevant sénéchaussée de Bigorre, et avait fixé son domicile à Tarbes, qui était le lieu du siège, en 1785. Il sut parfaitement faire valoir son état,[1] » malgré les embarras et les procès que lui suscitèrent les huissiers de Tarbes, à qui le droit de procéder à la vente des meubles avait été enlevé. Les huissiers ne se contentèrent pas de le persécuter devant les tribunaux, « ils cabalèrent et excitèrent le public qui voit toute innovation de mauvais œil.[2] » Ils réussirent au delà de toutes leurs espérances. Les cahiers de doléances de 1789 demandaient à l'envi la suppression de l'huissier priseur, « cet insecte qui ronge périodiquement la substance du peuple, qui est capable d'emporter dans 20 ans la moitié des revenus de la province[3] ». De fait, l'office fut supprimé par le nouveau régime. Delaroy, racontent ses ennemis, poussa jusqu'à l'indécence la manifestation de ses sentiments anti-patriotiques.[4] Dépouillé de ce qui, à son dire, constituait presque son seul patrimoine, il s'adonna à l'imprimerie.

Il publia le *Journal* avec l'*Almanach des Hautes-Pyrénées*[5] et obtint les impressions du Département et de la municipalité de Tarbes.

A l'époque du 31 mai, Delaroy prit le parti des montagnards contre les girondins. Pour donner une preuve de ses sentiments sans culotiques, il changea son nom de Delaroy en celui de Delaloy.

Il fut un des favoris de Monestier et de Dartigoeyte ; « son immoralité reconnue, écrivait plus tard un de ses adversaires, lui donnait droit à cette distinction. » L'un des ennemis les plus acharnés des patriotes opprimés alors, il se montra toujours altéré de sang et on le vit, plusieurs fois, dans ce temps malheureux, seconder sur l'échafaud l'exécuteur des jugements criminels.

1. Archives nationales, F. 1, b, II. Hautes-Pyrénées.

2. Archives des Hautes-Pyrénées, série B. 1166. Informations du sénéchal. Plainte de Delaroy.

3. *La Bigorre et les Hautes-Pyrénées*, pages 62, 63.

4. Archives nationales, F. 1, b, II. Hautes-Pyrénées.

5. Il publia les Almanachs de 1792 et 1793. (Archives du Grand Séminaire de Tarbes). *Le Journal des Hautes-Pyrénées* commença à paraître le 25 février 1792.

« Delaroy ne démentit jamais la vocation qui l'avait appelé à l'état d'huissier. Il se prévalut, dans toutes les ventes, de la terreur qu'il inspirait comme président du Comité révolutionnaire, pour se faire adjuger, au prix qu'il voulait, ce qu'il y avait de plus précieux ; aussi sa maison présentait-elle un luxe scandaleux.[1] »

Nous avons déjà rencontré Pierre-Michel Bernard, un autre étranger, qui cumulait les fonctions d'administrateur du département et de membre du Comité de surveillance, jusqu'au 6 germinal. Il *sansculottisa* ses prénoms en se baptisant Coriandre.

Pierre Chevrand était un ancien « grenadier dans le régiment de Bresse. » Quelque maladie ou autre accident l'obligea à aller aux eaux de Barèges en 1770. Après qu'il fut rétabli, au lieu d'aller rejoindre, il s'arrêta à Tarbes, quoiqu'il fût étranger au département et il y fixa son domicile. Il échappa, l'on ne sait comment, à la peine qu'il avait encourue comme déserteur et se maria avec une veuve qui tenait un café dans la commune de Tarbes. Le 31 mai arriva, et bientôt Chevrand, déjà connu comme un homme sans mœurs, se lia étroitement avec Monestier[2] ». Le Représentant le nomma membre du Comité de surveillance et l'un des juges de la commission extraordinaire de Pau[3]. Il concourut, en cette qualité à quelques assassinats[4].

Puis venaient : François Chaussade, marchand, de Tarbes, dont le lieu d'origine était l'Auvergne : les deux aubergistes Antoine Robert et Jean Cardeillac ; le tisserand Mathurin Bruno dit Auger ; le marchand tailleur Jean Pène, né à Montgaillard mais fixé à Tarbes ; le lieutenant de gendarmerie, Michel Vergez, d'Arcizac-Adour ; le sellier Jean Gabarra, de Bordères ; enfin le tourneur Jean Morlan, qui cessa bientôt de faire partie du Comité, pour s'occuper seulement de subsistances.

Des questions d'incompatibilité ou autres, amenèrent la sortie de quelques membres. Pour les remplacer Monestier introduisit les

1. Archives nationales, F. 1, b, 11. Hautes-Pyrénées. Dénonciation de la députation des Hautes-Pyrénées.

2. Ib.

3. Archives nationales, A F II, carton 134-1024.

4. Ib. F. 1, b, 11. Hautes-Pyrénées.

citoyens Jacques Danos, cafetier à Tarbes, Jean Lecussan aîné, négociant, Danglade aîné,[1] Louis Bordes, marchand, natif de Blajan[2] et domicilié à Tarbes,[3] et peut-être Jean-Marie Garrigues, imprimeur.[4]

« Le décret du 21 mars 1793, qui établissait des comités de surveillance, statuait que les membres ne pouvaient en être choisis ni parmi les ecclésiastiques, ni parmi les ci-devant nobles, ni parmi les ci-devant seigneurs de l'endroit et leurs agents.

« Comme on le voit, le citoyen Monestier s'était parfaitement conformé non seulement à la lettre mais encore à l'esprit de la loi.[5]

Tels étaient les trois principaux rouages de la machine que le Représentant devait actionner; tels étaient les hommes dont il devait se servir pour ses hautes et basses œuvres.

CHAPITRE IV

RÉQUISITIONS ET SUBSISTANCES

I. RÉQUISITIONS POUR BERGERAC ET L'ARMÉE. — II. DISETTE ET MESURES PRISES. — III. LES CINQUANTE MILLE QUINTAUX. — IV. REFUS DES GRAINS ET NÉGOCIATIONS. — V. MONESTIER INTERVIENT.

I

Les premiers ordres qui arrivèrent dans les Hautes-Pyrénées, de la part du Représentant du peuple Monestier, furent relatifs aux réquisitions. Ils étaient envoyés au Directoire du département qui devait les transmettre aux Districts et en presser l'exécution.

Dès avant le mois de nivôse, deux réquisitions étaient parvenues à cette Administration « qui l'avaient mise dans le cas de délivrer, pour les maga-

1. C'était sans doute le cordonnier et cabaretier François Danglade.

2. Blajan, canton de Boulogne (Haute-Garonne).

3. Archives nationales, A F II, carton 134-1032. Membres du Comité de surveillance.

4. Archives de la mairie de Tarbes. Registre des délibérations (2 floréal an III).

5. Bulletin de la Société Académique des Hautes-Pyrénées. 28e fascicule, page 252.

sins de l'armée, 24.000 quintaux de froment[1] ». Le 8 de ce mois (28 décembre 1793), les Représentant Pinet aîné et Monestier du Puy-de-Dôme s'étaient encore adressés à lui en faveur de la commune de Bergerac dans la Dordogne. Menacée des horreurs de la disette, elle demandait qu'on lui vînt en aide. Comme « il n'était pas possible de lui accorder le secours en froment qu'elle sollicitait, puisque cette qualité de grains était toute en réquisition pour les défenseurs de la patrie, les Représentants décidèrent que la seule ressource, à laquelle ils pussent recourir, était le milloc ou maïs, dont le département des Hautes-Pyrénées était assez pourvu. » En conséquence, ils prirent un arrêté pour requérir le département des Hautes-Pyrénées de fournir 2.000 quintaux à la commune de Bergerac. L'Administration, chargée de faire la répartition entre les districts qu'elle connaîtrait les mieux pourvus, la pratiqua dans sa séance du 15 nivose (4 janvier 1794). Il imposa 800 quintaux au district de Tarbes ; 500 à celui de l'Adour,[2] 250 à celui de Vic ; 250 à celui d'Argelès ; 200 à celui de la Neste. [3]

Le 12 nivôse (1er janvier) précédent, les mêmes Représentants requéraient du même département la quantité de 3.000 quintaux de seigle qu'ils voulaient mélanger au froment dont on faisait le pain de l'armée : « Ils ne doutaient pas que les habitants des Hautes-Pyrénées ne fissent un effort et, certainement, le versement des seigles qu'on allait faire excèderait le montant de la réquisition. Mais les Représentants préféraient, en la modérant sur cette espèce de grain, procurer au département le moyen de remplir en entier le contingent de froment auquel il était tenu. En effet les précédentes réquisitions n'avaient pas été remplies soit en partie, soit en tout. » Le Directoire reçut la réquisition seulement le 25 nivôse (14 janvier) et fit la répartition le 27 du même mois. Le district de Tarbes eut pour sa part 1118 quintaux à fournir ; celui de Vic, 595 ; celui de Bagnères, 293 ; celui d'Argelès, 511 et celui de la Neste, 580. [4]

Le 2 ventôse (20 février), Monestier du Puy-de-Dôme imposait au

1. Archives des Hautes-Pyrénées, série L. 1, d. (27 nivôse). Manuscrits.

2. District de l'Adour ou de Bagnères.

3. Archives des Hautes-Pyrénées, série L. 1, d. Manuscrits (15 nivôse).

4. Ib. (27 nivôse).

département une nouvelle contribution de 4,000 quintaux de haricots qui furent répartis le 7 ventôse (25 février).[1]

Dans la première réquisition de nivôse, les Représentants s'étaient fait un devoir « de dire que le Département des Hautes-Pyrénées n'apportait pas, au succès de ces mesures essentielles et sans lesquelles on n'aura point d'armée, toute l'activité et tout l'empressement qu'ils avaient lieu d'attendre [2] ».

Comme nous l'avons vu plus haut, la réquisition de 24,000 quintaux ne s'était pas entièrement effectuée. Le 26 nivôse (15 janvier), celle des 2,000 quintaux de maïs en faveur de Bergerac n'était guère avancée. C'est à peine si le district de Tarbes avait commencé à l'exécuter. Le 26 ventôse (17 mars), il restait encore 1,750 quintaux à percevoir, ce qui obligeait Monestier à prendre, ce jour-là, pour en hâter la délivrance, un arrêté plein de menaces que le Directoire départemental enregistra dans sa séance du lendemain [3] ».

II

« C'est que les subsistances faisaient un grand sujet d'inquiétude pour les citoyens du département des Hautes-Pyrénées. La première récolte de l'année 1793 avait été mauvaise dans presque tout le département. On ne pouvait se dissimuler que la seconde avait laissé des regrets aux cultivateurs, si l'on en exceptait les districts ou les cantons de quelques districts, dans lesquels la faculté des arrosements et la qualité supérieure du terrain avaient suppléé au défaut des pluies et les avaient garantis des inconvénients de la sécheresse.[4] »

Les hommes en place, aussi bien que le peuple, se préoccupaient de cette situation. Le Département s'en était inquiété tout le premier : « S'étant aperçu, par le premier recensement général des grains qui avait été fait en vertu de la Loi, que les subsistances devaient manquer au peuple avant qu'il n'eût cueilli sa récolte prochaine, il s'était empressé de témoigner à la Convention sa sollicitude sur ce point si

1. Ib. (7 ventôse).

2. Ib. (15 nivôse).

3. Archives des Hautes-Pyrénées, série L, 1, d. Manuscrits (à ces dates).

4. Archives des Hautes-Pyrénées, L, 1, f. Manuscrits. *Mémoire de Florentin Pic, président du tribunal de la Neste.*

important de l'administration. Il avait dépêché, en conséquence, dans le mois de frimaire, un courrier extraordinaire pour aller porter au ministre de l'intérieur et au Comité de salut public le tableau de ce recensement général, avec une adresse où il peignait ses justes alarmes et demandait qu'on les prit en grande considération.[1]

Le Conseil général du département avait fait plus encore. A la date du 28e jour du premier mois (19 octobre 1793), il avait pris un arrêté où on lisait les dispositions suivantes : « L'économie devant accompagner la médiocrité dés ressources et étant en quelque sorte un des moyens de les multiplier, il ne sera permis dorénavant et jusqu'à nouvel ordre, de vendre dans tout le ressort qu'une seule espèce de pain, celle du pain bis, autrement dit pain noir, dans lequel on fera entrer toutes les issues de la mouture, à l'exception du gros son ; défenses sont faites à tous boulangers de travailler et vendre du pain blanc, à moins que pour les usages des malades et avec la permission expresse des municipalités des chefs-lieux de canton.

« Les citoyens sont invités de faire entrer dans la fabrication du pain les farines de tous autres grains propres à s'amalgamer avec celle du froment et d'employer les farines des pommes de terre dont l'Administration ne cessera de provoquer et d'encourager la culture.[2] »

Les Représentants avaient compris cette détresse. Dans le même arrêté qui prescrivait la réquisition de 2,000 quintaux de milloc, ils disaient « que les besoins du département des Hautes-Pyrénées ne permettaient pas d'y puiser une grande quantité de ce grain et qu'il leur paraissait juste, en l'indiquant pour fournir une quantité modérée de maïs, de l'indemniser en quelque sorte, en lui accordant une partie du riz qui a été trouvé dans un des bâtiments pris récemment sur les Anglais par les marins de Chauvin-Dragon (Saint-Jean-de-Luz). Monestier et Pinet offraient 100 quintaux de riz que le Directoire ordonna de distribuer dans les communes en une proportion égale à celle de la réquisition du milloc faite sur elles.

*Le riz fut reçu le 8 pluviôse (27 janvier), par les soins du citoyen Authenac, un des membres du Département qui avait été commis pour en provoquer la prompte expédition. Au lieu des 100 quintaux annon-

1. *Mémoire de Bousigues;* Archives particulières de M. Gaston Balenciè.

2. Archives des Hautes-Pyrénées, série L. 1, e. Manuscrits. (28e jour du 1er mois de l'an II).

cés, il n'en fut reçu que 98 et 86 livres, sur lesquels un arrêté posté-
rieur de Monestier en avait affecté 20 aux cantons de la montagne du
district de la Neste, sans préjudice du contingent du même district
dans le partage du restant.[2]

III

C'était peu de chose pour remplacer les 2,000 quintaux de maïs
requis ; mais le Département avait annoncé depuis cinq jours une bonne
nouvelle. La Commission des subsistances venait, par un arrêté du 16
nivôse (5 janvier), d'accorder au département des Hautes-Pyrénées la
quantité de 50,000 quintaux de grain à fournir par le département du
Gers. « Elle annulait en même temps toutes réquisitions en grains,
précédemment faites sur les départements de l'arrondissement de
l'armée des Pyrénées occidentales et ordonnait qu'elles demeurassent
sans effet pour ce qui pouvait rester à fournir sur le montant desdites
réquisitions ».

Dans un arrêté du 3 pluviôse (22 janvier), le Directoire départemental
se hâtait d'en informer ses administrés et autorisait chaque District à
suspendre l'effet de toutes les réquisitions qui avaient été faites, soit
pour l'armée, soit pour tout autre objet. « Il chargeait en même temps
ses comités d'ordre public et des finances réunis de lui présenter un
arrêté portant répartition juste et exacte, entre tous les districts, des
subsistances promises et que le Département allait réclamer de celui du
Gers », après les deux décades de délai qui avaient été imparties.

Le 11 pluviôse (30 janvier), le rapport était prêt et le Directoire prenait l'arrêté de répartition. « Il rendait d'abord hommage à la surveillance active et puissante des Comités de salut public et des subsistances
qui, dans des temps aussi difficiles, pourvoient à la fois à l'approvisionnement de quatorze armées et à celui de plusieurs parties de l'intérieur
dont ils ont constaté les besoins, — de celles qui, sous l'ancien régime,
auraient paru trop éloignées ou peu conséquentes, comme le district
d'Aurilhac, département de la Corrèze, et les Hautes-Pyrénées, mais
qui, devant leur détresse à leur situation dans la montagne, devront
aussi à la Montagne leur soulagement. Ils comparaient l'insouciance

2. Archives des Hautes-Pyrénées, série L. 1, d, Manuscrits (aux dates).

et la dureté du despotisme, avec la protection généreuse et partout
présente du gouvernement républicain ».

Le Département indiquait ensuite les bases d'après lesquelles la répartition des 50,000 quintaux de grain allait être faite ; il tenait compte de
la population, des besoins créés plus pressants, en certains cantons, par
les mauvaises récoltes précédentes, de l'afflux enfin de population à
Tarbes, centre administratif et militaire, à Bagnères, à Barèges, à
Cauterets et Saint-Sauveur, lieux thermaux très fréquentés.

En conséquence, 8,095 quintaux étaient accordés au district d'Argelès ; 10,444 à la Neste ; 7,446 au district de Bagnères ; 15,367 à celui
de Tarbes et 6,648 au district de Rivière-Basse.[1] Les Administrations
de ces districts devaient faire la répartition entre les communes, en se
fixant sur les mêmes bases.

« Pour faire verser, du département du Gers dans celui des Hautes-Pyrénées, les 50,000 quintaux de blé, avec la célérité qu'exigeaient
les besoins et dans le délai fixé par le Comité des subsistances, le Directoire du département nommait, d'ores et déjà, les citoyens Barère, un
de ses membres, et Garrigues, membre de la Société populaire de Tarbes,
ses commissaires, à l'effet de se transporter à Auch, de s'y concerter
avec l'agent du Comité des subsistances, s'ils l'y trouvent, et avec le
Directoire du département du Gers, de prendre avec ce dernier les
arrangements généraux, en recevoir les instructions et autorisations
nécessaires, pour se rendre ensuite près les Administrations des districts
et convenir avec elles des arrangements ultérieurs et définitifs. » Les
commissaires étaient priés de faire verser, autant que possible, le blé
par les districts les plus voisins des Hautes-Pyrénées et dans les
magasins les plus rapprochés de ce dernier département. Le Directoire
entrait encore dans une série de détails minutieux qui témoignaient
qu'on ne voulait rien laisser à l'imprévu.[2]

IV

« Bien accueillis d'abord à Auch par les autorités, les deux commissaires furent ensuite repoussés dans leur demande.[3] » Les administra-

1. District de Rivière-Basse ou de Vic.

2. Archives des Hautes-Pyrénées, série L. 1, d. Manuscrits (à ces dates).

3. *Mémoire de Bousigues*. Archives particulières de M. Gaston Balencie.

teurs du Gers avouèrent et firent valoir deux motifs pour se refuser à l'exécution de l'arrêté de la Commission des subsistances. C'étaient la pénurie de grains, qu'éprouvaient aussi leurs administrés, et l'insistance du citoyen Belou, inspecteur des vivres dans le département du Gers, autorisé par les Représentants du peuple à réclamer, pour l'approvisionnement de l'armée, tous les grains qui étaient dans les magasins.

« Sur la proposition faite aux commissaires des Hautes-Pyrénées par les administrateurs du Gers, proposition renouvelée le 27 pluviôse (15 février) par un commissaire de ce dernier département, tendant à ce qu'un délégué des Hautes-Pyrénées se joignît à celui du Gers, pour aller solliciter de concert, auprès des Représentants, la révocation des ordres qu'ils avaient fait parvenir au citoyen B,lrooaLamuem nïnole, un des membres de l'Administration. »

Le lendemain, le même Directoire décidait de s'adresser à la Commission des subsistances. Elle lui semblait seule capable de lever les deux obstacles qui s'opposaient à la réquisition des 50,000 quintaux. « Il invitait en même temps les cinq Districts à instruire de ces difficultés le Comité de salut public, avec lequel ils étaient en correspondance directe et soutenue. Le concours qui leur était demandé était d'autant plus légal que l'administration des subsistances, considérée soit comme mesure révolutionnaire à cause des réquisitions, soit comme mesure de salut public par ses effets, est expressément dévolue aux Districts, le Directoire du département ne faisant à cet égard qu'exécuter une délégation particulière de la Commission des subsistances.[1] »

« Les deux commissaires trouvèrent le Représentant du peuple Monestier à Orthez. Après une conférence qu'ils eurent ensemble, ils se retirèrent sans emporter une décision.[2] »

« La Commission des subsistances annonça au District de Tarbes, qui avait appuyé près d'elle les réclamations du Département, « qu'elle avait écrit aux Représentants pour qu'ils levassent leurs réquisitions qui empêchaient l'exécution de la première mesure. Elle fit espérer qu'on obtiendrait des grains qui, chaque jour, devenaient plus nécessaires.[3] »

1. Archives des Hautes-Pyrénées, série L. 1, d. Manuscrits (aux dates).

2. *Mémoire de Bousigues.* Archives de M. Gaston Balencie.

3. Ib.

De son côté le représentant Féraud avait, par une réquisition du 22 ventôse (12 mars), demandé au Département de faire l'acquisition de 2,000 à 3,000 sacs de milloc pour les distribuer entre les cantons d'Arreau, Bordères, Vielle, Sarrancolin et Barousse. Par arrêté du 25 (15 mars), malgré « que l'état comparatif de la population et des subsistances du département présentât un coup d'œil si affligeant qu'il semblait impossible de puiser dans aucun district, sans toucher presque au besoin pressant du moment ; néanmoins, pour obéir aux ordres du Représentant, le Directoire central, répartit la réquisition sur les districts de Bagnères et de Tarbes, qui étaient les seuls auxquels on pût s'adresser. Celui de Tarbes était taxé à 1,500 sacs, celui de Bagnères 500. Mais, après avoir obéi, le Département « invitait le citoyen Féraud à prendre en considération la situation malheureuse des districts de Tarbes et de Bagnères et de retirer la réquisition, l'Administration ne l'ayant faite que par respect pour la loi[1] »

V

Sur ces entrefaites, Monestier vint à Tarbes. « La pénurie du blé et autres grains s'y faisait sentir. Le peuple était réduit à demi livre de pain de maïs par jour.[2] Le Représentant se convainquit, par lui-même et par les différents rapports que lui firent les autorités constituées, que les besoins du peuple n'étaient pas illusoires et que les subsistances de ce département n'étaient pas, à beaucoup près, aussi abondantes qu'on aurait pu le lui faire croire[3] ». Son âme en fut émue et le 26 ventôse (16 mars) il prenait un arrêté,[4] que le Département enregistra le lendemain. Il accordait 15,000 quintaux de froment à prendre sur le Gers. Le Directoire des Hautes-Pyrénées renouvela ses pouvoirs, pour se rendre à Auch, à ses commissaires du 11 pluviôse et, assuré cette fois du succès de la réquisition, il répartit le blé entre les districts.[5]

1. Archives des Hautes-Pyrénées, série L. 1, d. Manuscrits (à ces dates).

2. Archives du Grand Séminaire du Tarbes. *Journal de la réclusion des prêtres insermentés*. Pages 20 et 21.

3. *Mémoire de Bousigues*. Archives de M. Gaston Balencie.

4. « C'était, dit Monestier, pour presser l'exécution des arrêtés du Comité du salut public et de la Commission des subsistances! »

5. Archives des Hautes-Pyrénées, série L. 1, d. Manuscrits (à la date).

« Les commissaires envoyés ne furent pas plus heureux que la première fois », raconte Monestier lui-même; « ils revinrent les mains
vides d'Auch à Tarbes. Je partis moi-même, pendant la nuit avec le
citoyen Garrigues. J'arrivai à Auch et me rendis à l'Administration; je
pris un arrêté, le 5 germinal (25 mars), qui autorisait et requérait les
administrateurs et le garde magasin : 1° de faire délivrer 15,000 quintaux au département des Hautes-Pyrénées; 2° de faire réintégrer de
suite ces 15,000 quintaux dans le magasin de la République par la voie
de la réquisition dans les districts. Le Département du Gers fit, en ma
présence, cette opération et cette distribution. Le garde magasin fut
mis en demeure d'effectuer le versement sur Tarbes. Je rendis compte
au peuple de ma mission et je fus comblé de ses bénédictions[1] ».

« On se rappelle, écrit un contemporain, de combien de reconnaissance et d'affection publique, le Représentant reçut le témoignage dans
cette séance, ce qui prouve combien le peuple commençait à souffrir.[2] »

Le 6 germinal (26 mars), le Directoire du département envoya l'arrêté
du 5 aux divers Districts de son arrondissement, avec ordre « d'envoyer
prendre sans délai, dans les différents magasins des districts de
Mirande, Condom et Nogaro, le grain dont il s'agissait. Les districts
de Tarbes et de la Neste iraient à Condom, ceux d'Argelès et de
l'Adour à Mirande, le district de Vic à Nogaro ». Ces trois derniers
devaient compléter leur contingent à Condom.[3]

Mais, « le 7 germinal, continue Monestier, le commissaire général
de l'armée passe à Auch. Il donne par écrit contr'ordre au garde
magasin, disant que le Département aurait à prendre d'autres mesures
pour remplir mes vues[4] ».

Cette nouvelle déception arrivait au Directoire central des Hautes-
Pyrénées au moment où il venait de recevoir un arrêté que le citoyen
Féraud avait envoyé d'Arreau, le 5 germinal, et où il « exposait la
misère affreuse qui affligeait les habitants du district de la Neste.

« Les réquisitions déjà faites pour l'armée ont absorbé une partie de
la subsistance du misérable.

1. Archives nationales, A F II, carton 133-1019.

2. *Mémoire de Bousigues.* Archives de M. G. Balencie.

3. Archives des Hautes-Pyrénées, L. 1, d. Manuscrits (à la date).

4. Archives nationales, A F II, carton 139-1017.

« Les habitants, dont la majeure partie ne se nourrit que de végétaux, ne mangent plus de pain. »

Le Représentant déclare « que toute nouvelle réquisition est impossible et inexécutable et que la solution des contributions en nature est non moins impossible et non moins inexécutable [1] ».

Ces cris de détresse, Monestier, trop occupé à d'autres soins, ne parut pas les entendre.[2]

CHAPITRE V

ABOLITION DU CULTE CATHOLIQUE ET MASCARADES

I. ARRÊTÉS DE FOUCHÉ, DE DARTIGOEYTE ET CAVAIGNAC. — II. RÉSISTANCE : LABARTHE; SALLES-ADOUR. — III. ABOLITION DU CULTE PAR MONESTIER : A TARBES, A PONTACQ, A GALAN. — IV. ARRÊTÉ ET INSTRUCTION DU DISTRICT DE TARBES. — V. MONESTIER LES ÉTEND A TOUS LES DISTRICTS. — VI. ENTERREMENT DU CULTE : SÉANCE PRÉLIMINAIRE DE LA SOCIÉTÉ DE TARBES, PROCESSION INFAME. — VII. APOSTASIE DES PRÊTRES. — VIII. RÉSISTANCES : CASTELNAU-RIVIÈRE-BASSE ; ARREAU; BAGNÈRES; LANNEMEZAN ; LOURDES ; BANLIEUE DE TARBES.

I

En effet, l'ex-chanoine de Saint-Pierre de Clermont était tout entier occupé à fermer les églises et à déprêtiser les ministres du culte.

A plusieurs reprises, la Convention s'était prononcée pour la liberté religieuse ; elle avait, en apparence du moins, adopté une stricte neutralité entre toutes les confessions. Seuls les prêtres appelés réfractaires et leurs amis avaient vu s'appesantir sur eux et s'aggraver la rigueur des lois.

Mais cette neutralité n'était guère observée par les Représentants en mission qui, en dépit des déclarations de l'Assemblée, persécutèrent,

---

1. Archives des Hautes-Pyrénées, série L. 1, f. Manuscrits.

2. Archives nationales, A F II, carton 133-1019.

en maints endroits, les sectateurs même du culte constitutionnel et pesè-
rent, par leurs menaces quelquefois suivies d'effet, sur la conscience
des prêtres et des fidèles.

Le 19ᵉ jour du 1ᵉʳ mois de l'an II (10 octobre 1793), l'ex-oratorien
Fouché, Représentant du peuple à Nevers, publia un arrêté concernant
les cérémonies extérieures du culte. On y lisait, entre autres dispositions, « que toutes les enseignes religieuses qui se trouvent sur les
routes, sur les places et généralement dans tous les lieux publics seraient
anéanties ».

Un mois après, le 16ᵒ jour du mois de brumaire (6 novembre), les
Représentants Dartigoeyte et Cavaignac envoyaient d'Auch l'arrêté de
leur collègue de Nevers, qu'ils déclaraient commun au Gers, aux
Landes, aux Hautes et aux Basses-Pyrénées. « Les comités de surveillance étaient spécialement tenus de faire arrêter et reclure, jusqu'à
la paix, comme gens suspects, soit les ministres d'un culte quelconque,
soit les citoyens ou citoyennes qui, par des propos fanatiques et contre-
révolutionnaires ou par des voies de fait, s'opposeraient à l'exécution
des vues sages et philosophiques de Fouché. »

C'est le 22 brumaire (12 novembre), que les deux arrêtés furent
déposés sur le bureau du Conseil du département que présidait l'évêque
Molinier. Après réquisitoire du procureur général syndic, le bureau
d'ordre public de l'Administration fut chargé de faire un rapport sur les
mesures de sûreté à prendre. Cinq jours après, le 27 brumaire, le
Département, toujours présidé par l'évêque, prit un arrêté où l'on pouvait lire :

« Que nous sommes enfin parvenus à ce siècle de lumière où la
philosophie et la raison doivent reprendre tout leur empire et anéantir
les préjugés de toute espèce ; que, d'après ce grand principe, il n'était
plus permis de laisser ignorer au peuple que le culte du dieu de l'uni-
vers ne consiste point dans d'inutiles cérémonies extérieures, inventées
plutôt pour satisfaire l'orgueil et la cupidité que pour honorer sa puissance ;

« Que les vues des Représentants du peuple avaient été sans doute
d'abattre d'une main hardie le monstre sans cesse renaissant du
fanatisme ;

« Qu'au règne ambitieux et dominateur des mauvais prêtres doit suc-
céder parmi nous celui d'une religion simple et pure comme son auteur ;

que celle-ci dépouillée de tout accessoire superstitieux en sera plus belle et plus digne de nos hommages. »

Après toutes ces considérations, le Département arrêtait que l'exercice de tous les cultes demeurerait restreint dans leurs temples respectifs.[1]

II

Il paraîtrait, à telle délibération du District de la Neste et à certains incidents qui se produisirent en ventôse an II, que l'exécution des susdits arrêtés ne fut pas vivement poussée dans le Département.

Le 11 ventôse (1er mars 1794), le Conseil du district de Labarthe, où siégeait, ce jour-là, le curé constitutionnel de la commune, le cidevant moine Henry Sarrabayrouse, reprochait à la municipalité du chef-lieu « de mettre de la lenteur à enlever les signes extérieurs qui se trouvaient au haut de son clocher, sous prétexte qu'elle ne trouvait personne qui osât les aller abattre par rapport à sa grande élévation ». Le District ordonnait que l'arrêté des Représentants fût exécuté dans le délai de trois jours. Il défendait en même temps la sonnerie des cloches dans toutes les communes de son ressort, sauf les jours de décade.[2]

Le 14 ventôse (4 mars), un fait grave s'était passé dans la commune de Salles-Adour.[3] Ecoutons plutôt le Comité de surveillance de Tarbes.

« Instruit que les malveillants et les prêtres s'agitent en tout sens pour renouveler les scènes tragiques de la Saint-Barthélemy ; qu'il n'est pas sorte de moyens qu'ils n'emploient pour faire, dans ce département, un noyau de contre-révolution et y allumer les torches de la guerre civile ; qu'ici, comme dans la cidevant Vendée, pour parvenir à leur but, la religion est le prétexte et les femmes les instruments dont ils se servent ; que déjà, dans la commune de Salles-Adour, contre l'arrêté du Représentant du peuple qui ordonne le renversement de toutes les croix sur les routes et places publiques, des femmes

1. Archives des Hautes-Pyrénées, série L. 1, c. Imprimés (aux dates).

2. Archives des Hautes-Pyrénées, séries L. 11, b. District de la Neste (11 ventôse).

3. Salles-Adour, canton de Tarbes-sud.

ont eu la téméraire audace de replanter pompeusement celles que la municipalité avait fait abattre, d'orner de fleurs ces signes fabuleux et d'étaler, dans cette circonstance, tout ce que le fanatisme peut inventer de plus superstitieux ; instruit qu'elles furent sourdes à la voix des officiers municipaux qui firent tous leurs efforts pour s'y opposer ; qu'il fut impossible à ces magistrats du peuple, après avoir employé inutilement la voix de la douceur, de déployer la force que la loi a mise en leurs mains ; que des citoyens de cette commune, notamment les nommés Vignes et Etienne Pujo, volontaires, méconnurent leur autorité et refusèrent d'obéir à la réquisition qui leur fut faite, au nom de la Loi, de s'opposer à un tel attentat, ce qui démontre de plus en plus que les femmes sont tout au moins secondées dans leurs criminelles actions ; instruit que de pareilles infractions à la Loi ont eu lieu dans la commune de Bourg [1] et que ces exemples dangereux ne se propageront que trop promptement dans toutes les communes de ce département ;

Considérant que, dans un siècle de lumière et de philosophie, où le Français régénéré a brisé ses fers, reconquis sa liberté, adopté l'égalité, il doit à jamais se débarrasser du bandeau du fanatisme et de la superstition que lui avaient imposé, d'accord entre eux, les prêtres et les rois ; qu'il faut enlever à ces derniers jusqu'au moindre espoir qu'ils pourraient conserver de replonger le peuple dans la servitude et l'abrutissement où ils l'ont tenu pendant tant de siècles et dont il vient de secouer le joug avec tant de gloire ;

« Considérant que le seul moyen d'y parvenir est de promener la masse révolutionnaire sur toutes les têtes criminelles indistinctement et que si ce moyen eût été mis en usage dans la ci-devant Vendée, on eût épargné bien de sang et de larmes ; »

Le Comité arrête l'arrestation des deux volontaires qui avaient refusé d'obéir à la réquisition et l'envoi à Salles-Adour de quatre commissaires : deux, pris dans le Comité de surveillance et deux, dans la Société populaire, pour rechercher les auteurs du délit.

Le lendemain les quatre commissaires, qui étaient Delaloy, Bernard, Piqué et Garrigues, arrivèrent à Salles, escortés de 50 hommes d'infanterie et de 10 gendarmes à cheval. Longtemps ils questionnèrent en vain la municipalité et les habitants : personne n'avait reconnu les coupables. Enfin un témoin se présenta qui donna les noms de sept

---

1. Bourg, canton de Lannemezan.

femmes : c'était un enfant de 6 à 7 ans, fils du capitaine de la garde nationale. Les commissaires ne balancèrent pas à accepter ce témoignage et revinrent à Tarbes pour rendre compte de leur mandat. Sur leur récit, le Comité ordonna de traduire les deux volontaires désobéissants à la maison d'arrêt et les femmes dans celle de réclusion.[1] Ces vaillantes chrétiennes et ces deux soldats français qui avaient hésité à employer la violence contre elles, payèrent leur conduite de deux mois de détention.[2]

Les maire, officiers municipaux et notables de Salles furent dénoncés au Représentant du peuple Monestier, lorsqu'il arriva à Tarbes.[3]

III

Le ci-devant chanoine y vint le 22 ventôse (12 mars),[4] pour la première fois depuis le décret de frimaire. Pendant les derniers mois, il avait travaillé à extirper le fanatisme dans les Basses-Pyrénées, il accourait s'atteler à la même œuvre dans l'autre département de sa mission. Jusqu'à ce moment, tout s'était borné chez nous à proscrire les cérémonies et les signes extérieurs du culte catholique. L'heure était venue où le culte lui-même allait être aboli.

Dès le lendemain, 23 ventôse, Monestier se rendait dans la Société populaire pour se concerter avec le peuple sur les mesures qu'il comptait prendre à l'endroit du fanatisme. Il voulait aussi le calmer, car « la population n'était pas tranquille par le défaut de nourriture[5] ».

S'il faut en croire certains récits, Monestier se serait servi de la misère du peuple pour le pousser à l'apostasie qu'il méditait de lui faire commettre. Il se serait présenté à la tribune et aurait dit : « Vous demandez du pain ? vous en aurez quand vous aurez fermé vos églises et enlevé tous les vases sacrés avec le reste de l'argenterie qui s'y

1. Archives des Hautes-Pyrénées, série L. iv, b. Comité de Tarbes, série L. o, commune de Salles.

2. Archives des Hautes-Pyrénées, série L. iv, b. Comité de Tarbes. Compte décadaire (20 floréal).

3. Archives des Hautes-Pyrénées, série L. iv, b. Comité de Tarbes.

4. *Journal de la Réclusion*. Page 21. Archives du Grand Séminaire de Tarbes. — Archives nationales, A F II, carton 134-1030.

5. *Journal de la Réclusion*, page 21.

trouve.[1] » D'autres récits nous font entendre que la motion ne passa point sans difficulté : on lui objectait les décrets de la Convention en faveur de la liberté des cultes. Pour emporter les dernières résistances, l'ex-chanoine « assura que c'était le vœu de la Convention et qu'il avait même reçu dans ce but une mission particulière [2] ».

Un billet adressé par le Représentant, à l'issue de la séance, au Conseil général de Pontacq, nous fait connaître la durée de la discussion et le succès de la proposition, en même temps qu'il nous fait entrevoir l'usage que Monestier voulait faire de cette première victoire. Il n'avait sans doute pu réussir à enlever le même vote à Pontacq, peut-être n'avait-il pas eu le temps d'y passer, toujours est-il qu'il disait dans son billet aux magistrats de cette commune : « Fermez votre église ; dans ce moment je sors de l'Assemblée générale des citoyens de Tarbes, à onze heures du soir. La même délibération que je vous propose y a été discutée et unanimement accueillie.[3] ».

Les amis de Monestier s'empressèrent d'entrer dans ses vues. Le vice-président du District de Tarbes écrivit à la Société de Galan « pour l'inviter à convertir la ci-devant église paroissiale en temple de la Raison et à faire une adresse au citoyen Monestier pour lui manifester son amour prononcé pour le triomphe de la Raison ». Le 26 ventôse (16 mars), la Société mettait en délibéré l'invitation de son compatriote, le vice-président, et arrêtait l'une et l'autre chose qu'il demandait. « Sur la motion d'un membre, il fut encore délibéré à l'unanimité de faire une adresse aux communes du canton pour les inviter à accéder aux mêmes principes et à se réunir à la Société le décadi, 10 germinal, pour célébrer la fête du triomphe de la raison sur le mensonge, l'erreur, le fanatisme et pour concourir à l'adresse à présenter à Monestier. » Les sans culottes qui « avaient consacré leurs soins et leurs veilles à instruire le peuple se félicitaient déjà de recueillir le fruit de leurs travaux, mais avec quelle douleur ne virent-ils pas, dans deux

---

1. *Journal de la Réclusion*, page 34. Archives du Grand Séminaire.

2. *Mémoire de Bousigues*, page 7, cité par le *Journal de la Réclusion*, page 95. Bulletin de la Société Académique des Hautes-Pyrénées, 2e série, 16e fascicule, page 420.

3. Archives de la mairie de Pontacq (à cette date).

séances consécutives, un nombre infini d'hommes et de femmes de la commune et du canton s'emparer et des tribunes et des bancs destinés aux sociétaires et vouloir forcer la Société, par les vociférations les plus terribles, à rapporter sa délibération. Elle se leva deux fois tout entière pour la soutenir.[1] »

IV

La nouvelle de ces séances tumultueuses, dont la première eut lieu le 30 ventôse (20 mars), ne fit pas hésiter dans leur dessein ceux qui avaient résolu d'aller jusqu'au bout des destructions. Ils se bornèrent à traiter de fanatique la Société montagnarde de Galan et passèrent à de nouveaux actes.

Le District de Pau avait pris, quelques jours auparavant, un arrêté relatif au culte catholique que le Représentant avait rendu commun à tout le département des Basses-Pyrénées. Suivant cet exemple, poussé peut-être aussi dans la même voie par Monestier, le District de Tarbes se réunit le 8 germinal (28 mars), en séance publique, permanente et révolutionnaire, pour délibérer sur ce sujet. Furent présents les citoyens Lacay président, Bousigues vice-président, Darroy aîné, Bordenave fils, Pradaux, Abbadie, Fontan, Mascassies et Candellé-Bayle. A notre connaissance, parmi ces huit administrateurs, trois : les citoyens Bordenave, Mascassies et Fontan avaient chacun un frère prêtre : deux autres : les citoyens Bousigues et Lacay comptaient chacun un oncle dans l'état ecclésiastique.

Or ces parents de fanatiques prirent un arrêté où se lisaient les dispositions suivantes : « Le Conseil du district de Tarbes, considérant que le fanatisme est l'ennemi le plus dangereux de la liberté, qu'il a été, de tous les temps, le complice du royalisme et qu'il est pressant de le faire disparaître, à la lueur du flambeau de la raison et de la liberté ; « Arrête que fidèle à la volonté du souverain prononcée par ses Représentants, il maintiendra, de tout son pouvoir, le triomphe remporté par le peuple français sur la tyrannie et la superstition et qu'il regardera comme ennemi du peuple et de la Convention nationale, tout infâme partisan de la superstition et du fanatisme.

1. Archives des Hautes-Pyrénées, série L, IV, a, Société de Galan.

« Les municipalités sont invitées à faire descendre les cloches qui ont resté dans chaque commune et à les faire transporter au dépôt établi à Tarbes pour être converties en canons.

« Il sera procédé à la démolition de tous les clochers existants dans la commune de Tarbes, et les autres municipalités demeurent invitées d'abattre ceux des ci-devant églises.

« Les municipalités demeurent également invitées de porter au District toute l'argenterie existante dans les ci-devant églises, pour être envoyée à la monnaie, le vieux linge pour être converti en charpie et le vin pour servir dans les hôpitaux.

« Les autorités qui sont sous la surveillance du District sont chargées d'engager les prêtres de leur arrondissement, s'il en existe encore, à abdiquer leurs fonctions et à rentrer dans la classe des citoyens.

« Les habitants sont invités et autorisés à convertir leurs ci-devant églises en temples de la Raison.

« Les conseils généraux des communes seront provoqués, par le maire ou par l'agent national, de prendre et d'inscrire sur les registres une délibération par laquelle ils déclareront, au nom de la commune, qu'ils n'entendent plus grever le trésor public d'aucun salaire de ministre quelconque, mais seulement de la pension de 800 et 1,000 livres promise aux démissionnaires par la Convention nationale. »

Les contrevenants à chacun des dits articles devaient être dénoncés.

Une lettre circulaire, envoyée par les administrateurs du district aux municipalités de l'arrondissement, les engageait à favoriser l'exécution de l'arrêté, par leurs instructions au peuple.

« Après avoir écrasé la tyrannie, il ne nous reste, disaient-ils, qu'à briser le talisman du fanatisme et de la superstition. Des prêtres adroits et imposteurs osèrent se dire correspondants de la divinité ; ils maîtrisèrent les consciences faibles et timorées par l'éclat des momeries religieuses ; ils empoisonnaient par leurs prédications théologiques, par le récit des miracles imaginaires, par des terreurs infernales. Le torrent de la philosophie a débordé dans la France républicaine, il a renversé toutes les idoles de la prêtromanie et le peuple, longtemps asservi par les ministres d'un culte dominateur, abjure de toutes parts ses vieilles erreurs... Vous qui avez des rapports journaliers avec les habitants des campagnes, qui fréquentez leurs chaumières, faites leur sentir le danger du fanatisme et de la superstition, Désabusez tant de coupables de bonne foi, etc. »

V

Le ci-devant chanoine Monestier, à qui le District avait donné de son arrêté « une communication amicale et fraternelle », daigna s'en montrer satisfait et lui dire que « les principes et invitations contenues dans le préambule étaient l'expression de la vérité et devaient opérer la persuasion... Les articles avaient le mérite précieux d'éclairer et d'amener au but sans contrainte et sans force. Il lui fut agréable de pouvoir proposer cette délibération comme règle de conduite à tous les Districts du département. »

Et en effet, par arrêté du même jour, il l'étendait à tous. Il y ajouta quelques dispositions qui devaient aider au triomphe de la Raison : « Aucun ministre d'aucun culte, décidait-il, à dater du jour de la publication de l'arrêté, ne pourrait demeurer membre d'aucune Société populaire, ni d'aucune Administration, ni être agent de la République dans aucune partie, s'il n'avait fait, sur les registres de la municipalité, l'abdication formelle de toutes fonctions ministérielles ; cette abdication signée de lui serait accompagnée de la remise de toutes lettres ecclésiastiques depuis la tonsure cléricale, jusques à l'épiscopat, ainsi que de toutes provisions et de toutes prises de possession de bénéfices dès avant ou depuis la Révolution. Ceux des ministres qui auraient des exemplaires de la Constitution civile du clergé, seraient tenus de la déposer aussi ; cet acte anti-républicain devait être livré aux flammes avec les autres paperasses catholiques et papistes sus-nommées.

« Tout ministre qui ne se conformerait pas à ces principes et à cette invitation raisonnable et fraternelle, s'il arrivait le moindre trouble dans la commune dans laquelle il réside, en serait censé l'auteur et traité comme tel.[1] »

VI

La législation cultuelle était promulguée, il ne restait qu'à la mettre à exécution. Il fallait d'abord commencer par procéder à l'enterrement

1. Archives du Grand Séminaire, *Journal de la Réclusion*, pages 118-125.

de l'ancien culte qu'on venait de condamner à disparaître. Les deux jours qui suivirent la délibération des deux précédents arrêtés furent consacrés à la préparation ou à l'accomplissement de cette œuvre importante.

Le 9 germinal au soir (29 mars), Monestier et le Représentant Féraud, réconciliés pour la circonstance, s'étaient réunis et assistaient à la séance de la Société populaire de Tarbes.

Le jeune Représentant des Hautes-Pyrénées y prit la parole après Monestier : « Dans le district de la Neste, dit-il, on a éprouvé les influences de la Raison ; on est convenu que, pour être bon fils, bon père, bon citoyen, il n'est pas besoin de prêtres. Demain vous enterrerez le fanatisme et, demain, on fait dans la Neste un auto-da-fé des saints et des harnois de leurs ministres. »

Comme on le voit, le sens de la fête du lendemain se précisait. La Société montagnarde de Galan disait bien qu'il s'agissait de célébrer la fête de la Raison. Telle était sans doute l'expression consacrée à Tarbes par les Représentants et les sans culottes, pour désigner la fête qui se préparait. Mais la mascarade ne laissa aucun doute et ces paroles de Féraud chassaient toute illusion.

A la fin de la séance de la Société, eut lieu une cérémonie grotesque qui préludait à celle du lendemain. « Le mannequin représentant le pape parut. On procéda au jugement du Saint-Père et, malgré son infaillibilité, il eut tort cette fois, car il fut condamné à être brûlé ».

« Le 10 germinal (30 mars) au matin, la fête fut annoncée par le son de la cloche. A six heures précises, quatre décharges d'artillerie donnèrent le signal convenu du rassemblement sur la place de la Révolution pour ceux qui devaient prendre part à la solennité ou y jouer quelque rôle. La foule, disent les témoins oculaires, ne fut pas bien grande ; la consternation et le deuil tinrent les honnêtes gens enfermés dans leurs maisons. Le temps ne se prêtait pas aux circonstances ; le ciel était couvert d'un brouillard épais ; il plut même, par intervalles, toute la matinée et ce ne fut qu'après la cérémonie que le ciel s'éclaircit. »

Vers midi la cohorte, après avoir fait le tour de la ville, s'avança vers la cathédrale, par groupes. Le procès-verbal en compte dix. « A la tête marchait la compagnie des officiers des charrois de Pau, les sabres nus à la main, leurs chapeaux entourés de chapelets et les cartons des autels attachés sur la croupe de leurs chevaux. » D'après les uns, ils étaient venus d'eux-mêmes pour prendre part à la mascarade. D'après d'autres ils avaient été appelés par l'ex-chanoine qui, averti de la sourde hostilité des habitants, avait craint que des désordres ne se produisissent.

Dans le sixième groupe marchaient les Représentants Féraud et Monestier donnant la main à une jeune républicaine et à un jeune républicain, ceux-ci la donnant à un vénérable vieillard. Suivaient les membres des corps constitués qui formaient le septième groupe. Dans le neuvième « s'accumulait, dit le procès-verbal, le ridicule de la bizarrerie, le pédantisme et l'ignorance. C'étaient des personnages travestis en prêtres, en diacres, en acolythes, en bigots, chantant des airs lugubres, suivant l'infaillibilité en bêtise (le mannequin du pape) qui, presque agonisant, traîné sur un tombereau par trois bourriques, recevait les dernières consolations d'un confesseur (un singe déguisé en capucin). Le même tombereau portait ensemble une foule de saints et de saintes que les enfants avaient abattus dans la cidevant église de Saint-Jean, sans qu'ils fissent aucun miracle...

« De temps à temps, à chaque carrefour, un citoyen s'écriait : *Périssent ceux qui regrettent encore le fanatisme.* Le peuple répondait : *Gloire à la Raison, vive la République une et indivisible.* »

En effet si jamais il fallut crier : gloire à la Raison, ce fut en ce moment-là.

A l'entrée de la cathédrale un incident se produit. Les portes se ferment devant les masques revêtus d'habits sacerdotaux. Ceux-ci jouent un moment la comédie de la fureur et du repentir, puis ils se débarrassent de leurs ornements et se coiffent du bonnet de la liberté. L'entrée du temple de la Raison leur est alors permise et ils peuvent repaître leurs oreilles des discours de Féraud et de Monestier. L'ex chanoine parla le premier. Il avait promis de donner un nom à un jeune garçon et à une jeune fille qui venaient de naître. Il prit occasion de la cérémonie elle-même pour faire, dit toujours le procès-verbal, une comparaison piquante entre le baptême des prêtres et le baptême civique. Puis, des noms qu'il donna, il s'éleva à diverses considérations patriotiques. Féraud, qui lui succéda sur la chaire, renchérit en blasphèmes sur son collègue. Mais Monestier ne voulant pas demeurer en reste entreprit un nouveau discours pour achever les calotins.

Le torrent de la philosophie ne coula pas seulement des bouches de la Représentation nationale ; « plusieurs autres orateurs, ayant voulu payer leur tribut à la Raison, déclamèrent contre le fanatisme ».

A la sortie, les Représentants mirent le feu à un bûcher sur lequel avaient été entassés les livres d'église et les statues de saints et que dominait le mannequin du pape. Dès que les flammes montèrent, une ronde s'organisa de citoyens et de citoyennes dansant et chantant la Carmagnole, autour de cet auto-da-fé révolutionnaire.[1]

En repassant, après la cérémonie, auprès de l'ancien couvent des Cordeliers, dont la flèche était démolie depuis un mois déjà,[2] les membres du District, songeant à leur arrêté du 8 germinal, durent sans doute penser qu'à la suite de la cérémonie du jour et de l'exemple donné par les ouvriers de la fonderie de canons, les municipalités n'hésiteraient pas à raser jusqu'au niveau des toits, ces constructions odieuses contraires à l'égalité. Et cependant les clochers restèrent debout dans le département. A Tarbes même la flèche des Carmes ne fut pas entamée.

Repoussée sur ce point, la Raison eut plus de succès sur celui de la fermeture des églises, bien que, ainsi que nous le verrons, elle ait éprouvé des résistances.

VII

Mais il ne suffisait pas à Monestier et à ses affidés de changer le nom et la destination des édifices du culte, il leur restait un autre démarquage à faire ; c'était celui des prêtres qu'ils avaient résolu d'amener ou de forcer à l'apostasie.

La seconde partie du drame va commencer. Le ridicule ne s'y mêla plus à la poignante tristesse qui étreignit le cœur des chrétiens et celui même de bien des prêtres qui faillirent.

Il en fut certes qui se délivrèrent gaiement d'un sacerdoce qui leur pesait depuis longtemps. Le 9 germinal, le citoyen Jean-Fontan, curé

---

1. *Journal de la réclusion.* Pages 40, 126 et ssq. Archives du Grand Séminaire de Tarbes. — Archives de M. Gaston Balencie. Procès-verbal de la fête, imprimés.

2. *Journal de la réclusion.* Page 34. La permission de démolir avait été donnée par le Département, à la date du 4 ventôse (22 février). On devait en tirer disait-on d'excellentes briques pour installer les fours de la fonderie de canons, établie dans l'ancien couvent,

de Bonnefont, se déprêtisait dans la séance de la Société populaire.[1]
Celui-là était mûr pour l'apostasie. Frère d'un Administrateur, oncle
du vice-président du District, il avait été, dans les dernières années de
l'ancien régime, traîné devant le sénéchal par un mari outragé.[2]
« C'est un mauvais prêtre », dira un jour de lui Monestier.[3]

Le lendemain, le vicaire épiscopal et administrateur Verdot, renonçait à ses fonctions par une lettre qui fut lue dans le temple de la Raison.
Huit jours après, le 17 germinal (6 avril), il accomplissait, devant la
municipalité de Tarbes, les formalités exigées par les lois.[4]

Ce même 10 germinal, le prêtre Serres, citoyen de la ville de Tarbes,
ne se contenta pas de renoncer à l'exercice du culte ; il ne se déprêtrisa
pas seulement ; il ne remit pas seulement « ses lettres de prêtrise et la
vaine pacotille de diplômes à lui expédiés par les druides épiscopaux »,
il s'attacha, dans un odieux discours, à tourner en ridicule les croyances,
les sacrements, la discipline, les rites de la religion catholique. Et l'on
ne sait ce qu'il faut mépriser dans ce misérable, ou une atroce impiété,
ou une inconscience qui confine à la sottise, puisqu'il se traite, par voie
de conséquence, de menteur, de jongleur, de marchand de prières.[5]

Le défilé continue dans le mois de germinal. Le très grand nombre
renoncent à leurs fonctions, beaucoup sans doute parce qu'ils avaient
besoin pour vivre de la pension de 800 ou de 1,000[6] livres qui leur était
promise en retour de leur abdication. La plupart ne remettaient pas leurs
lettres de prêtrise. Le citoyen Jean-Baptiste Verdot « ne les avait pas
en son pouvoir[7] », « un autre ne sait ce qu'elles sont devenues[8] », etc.
Ailleurs le procès-verbal de la municipalité ne fait pas mention de ce
point particulier.[9]

1. *Journal de la réclusion.* Page 126.

2. Archives des Hautes-Pyrénées, série B. Informations du sénéchal 1788.

3. Archives nationales. A F II, carton 133-1019.

4. Archives de la mairie. Registre des délibérations (17 germinal).

5. *Journal de la réclusion.* Page 149.

6. Ib. Page 52.

7. Archives de la mairie. Registre des délibérations (17 germinal).

8. Ib. (25 ventôse).

9. Archives de Marseillan, Lamarque, Sarniguet, etc. Registre des délibérations.

On devine que ces consciences ont défendu le terrain pied à pied. Les prêtres consentent bien à cesser leurs fonctions, mais malgré leurs soumissions successives, leurs chutes de plus en plus profondes, ils ne veulent pas être des traditeurs. Leurs devanciers de l'église d'Afrique mouraient plutôt que de livrer les saintes Lettres ; ils les imiteront, du moins en quelque chose ; ils ne livreront pas leurs lettres d'ordination.

La violence très réelle qu'ils subirent, causa toutes ces chutes comme elle amena toutes les délibérations des municipalités conformes aux invitations ou injonctions des arrêtés. Aussitôt en effet que la tourmente fut passée et qu'il fut permis de rouvrir les églises, les corps municipaux rappelèrent leurs prêtres, témoignant par là qu'ils ne les avaient éloignés qu'en cédant à la terreur. »

Les prêtres reprirent leurs fonctions en demandant pardon de leur faiblesse,[1] qu'ils attribuaient à la peur. Tels ces deux frères, vieux chanoines de Tarbes qui, le 25 prairial an III (13 juin 1795), « désavouèrent, devant la municipalité de la commune et par écrit, leur abdication comme extorquée par la terreur et injurieuse à la religion catholique à laquelle ils ont toujours été sincèrement attachés et dont ils se font honneur et gloire d'être les ministres.[2] »

Les raisonnements sont d'ailleurs ici inutiles ou parce que la chose est évidente, ou parce que les preuves de la violence se sont manifestées en plusieurs circonstances. Le citoyen Bessagnet, curé de Séméac,[3] n'ayant pas cessé les fonctions du culte, fut mandé par devant le Comité révolutionnaire qui lui parla de telle sorte que le prêtre s'en vint déclarer, le 2 prairial an II (21 mai), devant le Conseil général de la commune, qu'il renonçait à toutes fonctions.[4]

Le citoyen Jean Peyriga, curé de Bulan,[5] ayant dit « qu'il donnerait sa tête plutôt que ses papiers », fut cité le 7 messidor (25 juin), par devant Monestier lui-même. Le Représentant, obligé de s'absenter avant la comparution, laissa à ses agents le soin de dire au

1. Archives de l Evêché de Tarbes-Cicutat.

2. Archives de la mairie de Tarbes. Registre des délibérations (à la date).

3. Séméac, canton de Tarbes-nord.

4. Archives de la mairie de Tarbes. Registre des délibérations (à la date).

5. Bulan, canton de Labarthe.

curé « qu'à partir de ce moment il serait spécialement surveillé et qu'au premier reproche il serait mis en réclusion.[1] »

Henri Labède, curé de Marsas,[2] reçut le même avertissement dans les mêmes circonstances.

On en pourrait citer d'autres qui ne faiblirent pas devant les menaces du proconsul ou de ses agents.

VIII

La violence ne réussit pourtant pas partout; il y eut ici et là des résistances passives, quelquefois même actives.

Nous avons déjà vu comment les populations de Galan et de son canton avaient accueilli les exhortations du citoyen Bousigues à secouer le joug du fanatisme et comment elles entreprirent, par leurs cris et leurs menaces, de faire rapporter une première délibération votée par les sans-culottes de la Société populaire.

Une scène analogue s'était produite, en ces mêmes jours, au sein de la Société de Castelnau-Rivière-Basse, dans la séance du 26 ventôse (16 mars). Elle était présidée par le citoyen Clarac Faget, maire de la ville.[3] Quatre-vingt-deux voix sur quatre-vingt-dix-huit votants se prononcèrent pour que « les trois églises de la commune fussent fermées par la cessation du culte catholique. »

Le 29 ventôse (19 mars), la Société était de nouveau réunie. « Un membre ayant obtenu la parole, demanda, qu'à l'exemple du département du Gers, on rapportât l'arrêté pris dans la dernière séance et que le temple de la Raison restât ouvert. » La proposition fut aussitôt combattue par un autre sociétaire qui, en terminant, rappela à l'ordre le préopinant pour avoir réclamé le rapport d'une proposition acceptée par la presque unanimité des membres présents à la dernière séance. Le premier orateur, sans demander la parole pour répondre « se permit quelques personnalités en faisant des *raillements*. Une grande partie de

---

1. Archives nationales. A F II, carton 134-1032.

2. Marsas, canton de Bagnères-de-Bigorre.

3. Jean-François Clarac Faget était un ancien capitaine général des fermes du roy. Il avait épousé demoiselle Marie-Cyprienne Defiis de Horgues. (Barère, notaire à Tatbes, le 14 mai 1775). Colonel de la garde nationale de Castelnau en 1789, il devint successivement administrateur du Département en 1791, administrateur du District de Vic en 1792-1793 et maire de sa commune. Archives des Hautes-Pyrénées, série L. I, c. et L. II, b, District de Vic, passim.

l'Assemblée se leva alors tumultueusement et se vit envahie par des femmes enveloppées de grands capuchons qui se mêlèrent aux sociétaires. Elles étaient munies de bâtons et, s'il faut en croire les patriotes, avaient leurs poches et leurs tabliers remplis de sable et de cailloux. Malgré tous les efforts du président pour rétablir l'ordre, la séance dut être levée. » Mais voici bien une autre affaire. Quand les sociétaires voulurent sortir, les portes se trouvèrent fermées. Le président « prenant la qualité de maire » ordonna à un gendarme qui se trouvait dans l'Assemblée de prévenir qu'il n'y eût aucun accident fâcheux et fit ouvrir les portes. A ce moment, arrivèrent aux sans-culottes quelques renforts qui leur redonnèrent du courage. La séance fut reprise, reprise aussi la discussion cause du tumulte. La décision du 26 fut en somme maintenue. Mais la scène qui venait de se passer avait profondément irrité certains membres ; il fallait empêcher que la Société continuât « à ressembler à une Vendée et que les sociétaires y fussent assommés par des femmes. » C'est pourquoi il fut décidé que les détails du tumulte seraient envoyés au Représentant du peuple et au Comité de surveillance afin de découvrir les moteurs du trouble.[1] »

A la société populaire d'Arreau on ne se contenta pas de menaces, on en vint aux voies de fait. Deux commissaires avaient été envoyés par le Comité révolutionnaire de Tarbes pour faire une enquête dans la vallée d'Aure. Le 23 germinal (12 avril) ils se rendirent dans la Société populaire d'Arreau. L'un d'eux, dans un discours qu'il prononça, essaya « de saper les bases de la superstition et parla contre la sainte Trinité... Un nommé Duffo, de la commune de Beaulieu (cidevant Saint-Laurent, en style calotin), se leva pour protester contre les paroles qu'on venait d'entendre. Il s'écria que « le peuple avait besoin d'un temple et des prêtres et qu'il fallait soutenir la religion au péril de la vie ». Un tumulte éclata à ces paroles que le président ne put faire cesser qu'en imposant l'ordre du jour. A la sortie, les commissaires furent menacés de coups de pierre ; l'une d'elles atteignit même, au bras, un de leurs compagnons.[2] »

1. Bulletin de la Société académique des Hautes-Pyrénées, 2ᵉ série, 16ᵉ fascicule, pages 417-420.

2. Archives des Hautes-Pyrénées. Série L. IV, b. Comité de surveillance de Tarbes. 29 germinal an II.

Nous avons aussi à enregistrer les protestations du district de l'Adour. L'agent national près l'Administration de Bagnères était le citoyen Bertrand Pinac, le « Robespierrot[1] » du pays. Né à Pouzac, le 11 décembre 1759, il avait mené une rude vie dans sa jeunesse pour obtenir son titre de docteur médecin à l'université de Toulouse. Répétiteur à 12 livres par mois, pendant qu'il suivait les cours de la faculté, il passait encore le temps de ses vacations à instruire des fils de famille qui le payaient médiocrement. Dans les vacations de 1783, il donna à un fils de M. d'Astarac, des leçons qui lui procurèrent 36 livres « dont il consigna 30 pour ses actes de physiologie et d'hygiène ». Il connut les âpres mais fortifiantes atteintes de la misère. En 1784, il écrit à un de ses amis : « Mes affaires sont en mauvais état. Figure-toi un homme qui est sans le sol, débiteur envers son hôte et son boulanger et qui ne voit pas de moyen de payer ses dettes; je suis l'original.[2] »

Pendant ce temps, un de ses oncles, Marcel Pinac, chanoine de Saint-Etienne, à Toulouse, avait un revenu de plus de 10,000 livres.

Pinac aimait son art. En 1787, du 4 août au 22 septembre, « il vit, goûta et essaya toutes les eaux minérales depuis Barèges jusqu'aux Eaux-Chaudes ; le 2 octobre, il alla aux eaux de Capvern pour les voir[3] ».

Il s'était fait sa place lorsque la Révolution éclata. En 1790, les électeurs le nommèrent administrateur du district de l'Adour. Ses collègues le portèrent au Directoire[4] et, quand le procureur syndic en titre eut donné sa démission, ils le chargèrent d'en remplir provisoirement les fonctions.[5] Aux élections de 1791, Pinac fut élu à cette place qu'il ne quitta plus.[6] Monestier du Puy-de-Dôme l'avait nommé, le 2 août 1793, membre du Directoire du département,[7] mais il n'accepta pas et sa démission fut agréée le 7 septembre suivant.[8] Le District de l'Adour,

1. Archives nationales. D. III. 207.

2. Archives personnelles. Lettres de Pinac à Clarens de Campistrous.

3. Ib.

4. Archives nationales. F. 1, c, III. Hautes-Pyrénées.

5. Archives nationales. D. III. 207.

6. Almanachs de 1792 et 1793.

7. Archives nationales. A. F. II, carton 134-1029.

8. Archives des Hautes-Pyrénées. Série L. 1, f. Arrêtés des Représentants,

après épuration, conserva Pinac pour son agent national. Il s'y conduisit en montagnard décidé. On disait pourtant qu'il n'avait pas pour son oncle, le ci-devant chanoine Marcel Pinac, les sentiments d'un Brutus, mais, ajoutait-on, il convoitait l'héritage du vieillard[1] presque octogénaire.

« Pinac, après avoir, dans son compte-rendu décadaire du 20 floréal (9 mai), présenté le tableau le plus satisfaisant du progrès de l'esprit public, envoya le 21, dans la nuit, un gendarme d'ordonnance à Monestier, à Tarbes, pour lui annoncer que la baisse de l'esprit public à Bagnères était effrayante.[2] »

Que s'était-il passé ? Les versions sont différentes suivant qu'elles viennent des amis ou des ennemis de Pinac. Il est vrai que les deux pourraient être vraies à la fois.

On était au 19 floréal (8 mai); les sans-culottes de Bagnères désiraient avoir, comme ceux de Tarbes, une fête de la Raison. Dans la séance de la Société populaire, tenue à cette date, « la fête fut délibérée. Pinac proposa d'atteler, ce jour-là, à un char, les prêtres revêtus de leurs habits sacerdotaux. Un membre appuya cette motion, à condition que Marcel Pinac marcherait à la tête de la mascarade... Tais-toi, dit Pinac à ce citoyen, mon oncle est un honnête homme[3] ».

Voici la relation de Monestier : « Bagnères, patriote l'hiver dernier, voulait redevenir aristocrate au printemps. Le 19 floréal, il y eût, dans la Société populaire, une violente discussion entre les patriotes, sur la manière de célébrer le lendemain la fête de la Raison : les uns voulaient que les ex-prêtres, en grand nombre dans cette commune, donnassent une preuve de leur retour sincère aux vrais principes. Ils proposaient de les inviter à suivre le char triomphal de la Raison, affublés de leurs aubes, de leurs chasubles, pluviaux et autres caricatures. Certains combattaient la proposition, qu'ils trouvaient exagérée. Elle eut cependant la majorité des suffrages. Alors un patriote chaud s'écria dans l'enthousiasme : « Nous verrons enfin les ministres de l'erreur attachés au char de la Raison. » On donna un sens perfide à cette phrase. On invoqua les lois... Si bien que, le lendemain, la fête

1. Archives nationales. D. III, 207.

2. Ib.

3. Archives nationales. D. III, 207.

fut si lugubre qu'on n'entendit pas un seul cri de : « Vive la République ; Vive la Convention nationale ; Vive la Montagne. L'aristocratie riait sous cape. » Mais Monestier arriva et il guérit tout.[1]

Comme les affaires d'Azereix le retenaient à Tarbes, le 22 floréal (11 mai), il se fit précéder par deux commissaires, les citoyens Chaussade et Bernard, membres du Comité révolutionnaire, qui devaient commencer l'enquête. Le Représentant arriva le soir même. Dans son court séjour, il fit exécuter quatre arrestations, parmi lesquelles celle de M. Bérot ex curé, homme très immoral ; il fit sortir de réclusion deux sans-culottes persécutés et les rétablit dans le Comité de surveillance.[2]

Pinac était absent et se trouvait aux prises avec le fanatisme au sein de la Société populaire de Lannemezan. Assistant à la séance du 22 floréal (11 mai), il avait pris la parole pour pousser à l'exécution de l'arrêté du Représentant Monestier relatif à l'argenterie et autres objets d'église. « Il s'éleva avec véhémence contre les municipalités en retard et blâma la Société de ne pas avoir veillé pour faire faire cette remise, se plaignant de ne pas voir en elle cette énergie qui convient à de vrais sans-culottes. Il tonna avec rage contre les ministres du culte de ce canton qui ne s'étaient pas conformés à l'arrêté de Monestier, disant qu'il n'y en avait aucun qui s'y fût conformé, les menaçant de la réclusion s'ils n'obéissaient pas dans le plus bref délai. » Il conclut à ce que la Société poussât les municipalités de s'exécuter bientôt. La Société prit une délibération conforme au désir de l'agent national.

« Cette délibération acquise, un tumulte se fit entendre dans le coin de la salle ; le calme ne fut obtenu qu'avec quelque difficulté. Bientôt après Dominique Barrère, l'un des membres, dit que, comme organe du peuple, il réclamait la liberté du culte. Le citoyen Louis Duprat, autre membre, appuya la motion de Barrère. D'autres voix des tribunes crièrent : Nous voulons le culte.

« Le citoyen Pinac parla avec force contre cette demande et essaya par ses discours de détruire les préjugés. » En attendant que ses exhor-

1. Archives de la mairie de Tarbes. Registre des délibérations de la Société populaire. (24 floréal).

2. Ib.

tations eussent leur effet, il demanda que ses contradicteurs fussent rayés du nombre des membres.[1]

Nous avons entendu les protestations des districts de Tarbes, de Vic, de Labarthe, de Bagnères, il nous reste à écouter celle d'Argelès. Il s'en produisit au moins une ; il est vrai qu'elle ne fut pas maintenue. Le Conseil général de la commune de Lourdes s'était réuni le 8 germinal (28 mars) pour délibérer sur une adresse de l'Administration du district en date du 2 du même mois (22 mars). Les administrateurs, « continuellement occupés du soin de conduire, dans la ligne de la Révolution, les habitants de la contrée, avaient vu avec la plus vive satisfaction qu'il ne fallait pour leur faire secouer les enveloppes grossières de l'erreur et de l'ignorance que leur montrer le miroir de la raison. Vous vous y êtes considérés, frères et amis, s'écriaient-ils et vous avez successivement effacé toutes les tâches que le despotisme vous avait imprimées ; vous vous êtes purifiés pour entrer dans le temple de la raison ; encore un pas et vous allez réaliser les espérances que nous avons conçues de nos précédentes instructions ; vous allez enfin entrer dans le sanctuaire. Courage, nos chers amis ; que l'amour de notre liberté originelle vous fasse perdre le goût de vos vieilles habitudes ; que le sacerdoce cesse de présider à votre instruction. »

Après la lecture de l'adresse, un membre propose d'inviter les prêtres de la commune à cesser leurs fonctions. Mais la proposition est repoussée et l'assemblée adopte une délibération toute contraire. « L'article 7 de la Déclaration des Droits de l'homme, déclarent les conseillers généraux de la commune, s'oppose à ce qu'on interdise le libre exercice des cultes. L'article 1er du Décret du 18 frimaire an II défend toutes les mesures contraires à leur liberté. Or l'invitation proposée n'est rien moins qu'une mesure autorisée par les lois citées. Le vœu de la majorité des habitants de la commune pour vouloir continuer de professer le culte catholique qu'ils ont toujours professé est bien prononcé par leur assiduité et leur exactitude à se rendre aux cérémonies de ce même culte. »

Le Conseil, en présence de toutes ces considérations et se souvenant

---

1. Archives des Hautes-Pyrénées. Série L. III, a. Canton de Lannemezan, dans la première partie du registre.

« que toutes les lois émanées de la Convention nationale relatives à la liberté des cultes, chargeaient expressément les municipalités de veiller à leur exécution et que ce ne serait pas remplir les dispositions de ces lois que d'accueillir la proposition faite », arrêta qu'il n'y avait lieu de délibérer. Quinze membres assistaient à la délibération : les citoyens Jean Dufo, maire de Lourdes, Jacques Piato, chirurgien, Gabriel Bordenave de Saux, Jacques Lavigne, Joseph Abadie-Cachou et Vital Paillasson, officiers municipaux, Hector Normande, Dominique Maransin, Pierre Lafitte, Bernard Francès, Lespiau, Capdevielle, Cazaux, Castérot cadet et Ribettes, notables. L'agent national, Jacques Caubotte était aussi présent. Ce dernier ne paraît pas avoir fait entendre de protestation; sur les dix membres qui signèrent la délibération, trois seulement ajoutèrent après leur signature qu'ils protestaient contre l'arrêté, c'étaient Francès, Piato et Bordenave.

Mais, cinq jours après, sur le réquisitoire de l'agent national, la même Assemblée retirait sa délibération. Caubotte avait présenté des arguments décisifs : « Vous avez étendu votre serment d'obéissance aux lois faites ou à faire, soit qu'elles vous parviennent de la Convention elle-même ou des Représentants du peuple, investis de tous les pouvoirs de la Convention. Jetez les yeux sur ce qui se passe autour de vous ; vous ne sauriez méconnaître la volonté prononcée de la Convention et du Représentant du peuple Monestier relativement au sacerdoce ; vous écarter des mesures de salut public qu'il a posées dans sa sagesse, ce serait vous rendre coupable de désobéissance vous et tous vos concitoyens. » Le Conseil comprit et, comme je l'ai dit, annula son arrêté. Sous l'action de la grâce révolutionnaire, les citoyens Ribettes, Pailhasson et Lafitte allèrent plus loin encore dans la voie du repentir. A la suite de leur signature du 8 germinal, ils ajoutèrent en surcharge qu'ils protestaient contre l'arrêté pris ce jour-là, de sorte que la fâcheuse délibération offre cette anomalie d'être signée par six opposants sur dix signataires.[1]

Cette concession arrachée par une violence évidente, ne sert qu'à mieux établir l'opposition de la population de Lourdes et de son Conseil aux mesures dirigées contre la religion. Les bons sentiments des

1. Archives de la mairie de Lourdes. Registre des délibérations des 8, 13 et 15 germinal an II.

Lourdais ne durèrent que cinq jours, ils eurent du moins le mérite de les proclamer hautement et solennellement.

Mais combien plus nombreux furent ceux dont l'effroi glaça la langue et paralysa la plume, et qui n'osèrent faire passer au dehors les protestations intimes de leur conscience. Du moins refusèrent-ils de fermer eux-mêmes leurs églises, et de tremper leurs mains dans de sacrilèges profanations. Protestation silencieuse et que Monestier put entendre dans plusieurs villages de la plaine de Tarbes. Le 14 floréal (3 mai), il s'était rendu à Juillan. Il trouva cette commune fanatisée.[1] L'église n'était point encore fermée. « Il y entra et la fit saccager par ses satellites vandales qu'il encourageait par sa présence et par ses cris.[2] » Le 19 floréal (8 mai) à son retour de Bernac-Debat, il fit jeter bas les statues, croix, châsses, chandeliers dans les églises de Saint-Martin, de Horgues et de Momères.[3]

C'est ainsi, qu'à la voix de la Raison, les églises se fermèrent d'elles-mêmes, comme ne craindront pas de le dire plus tard les panégyristes de Monestier.

CHAPITRE VI

RÉCLUSION ET GUILLOTINE

I. LES RECLUS, ÉCHANGES. — II. UNE CHANSON. — III. MADAME BERGASSE, LA FILLE MARRENS, LES AUTRES RECLUS. — IV. LA GUILLOTINE, LES VICTIMES PROMISES, DECAMPS, CORCELLE, ALBERT. — V. LES PAYSANS D'AZEREIX ASSASSINÉS PAR MONESTIER.

I

Dartigoeyte avait garni les maisons de réclusion de Tarbes par sa liste des suspects du 2 octobre 1793. Près de cent détenus, prêtres ou laïques, étaient internés dans les maisons du Collège, des Carmes et de

---

1. Archives de la mairie de Tarbes. Registre des délibérations de la Société populaire (à cette date).

2. Archives de l'Évêché de Tarbes. États de 1803. Juillan.

3. Archives de la mairie de Tarbes. Loc. cit.

Luscan.[1] Une trentaine de femmes avaient été logées au Séminaire.[2] Quelques-uns étaient en arrestation chez eux. Par des arrêtés successifs, tant le Comité de surveillance de Tarbes que le Représentant du peuple Monestier devaient accroître ce nombre, fort important déjà pour ce département, surtout si l'on remarque que Bagnères et Vic avaient leurs maisons de détention.

Ce ne fut qu'au moment de se rendre dans le second chef-lieu de son gouvernement que Monestier parut s'occuper directement des reclus de Tarbes.

Le cinquième jour du deuxième mois de l'an II (26 octobre 1793), le Comité révolutionnaire de Pau envoyait à celui de Tarbes dix-huit femmes suspectes ou dangereuses pour les interner dans sa maison de réclusion. Il lui faisait en même temps une proposition d'échange de prisonniers. Les surveillants Tarbais entrèrent aussitôt dans ces vues.

« Il ne pouvait résulter de cette mesure révolutionnaire que le bien le plus efficace pour la société, souillée depuis trop longtemps de la présence d'individus qui conspiraient et machinaient sa perte. Il importait à la tranquillité publique d'éloigner de la ville et même du département jusqu'au souvenir, s'il était possible, de tous ceux qui y avaient professé ouvertement ou clandestinement des principes antirévolutionnaires et de saper ainsi jusqu'au fondement le colosse hideux de l'aristocratie. »

Outre encore « que l'éloignement des personnes suspectes, du lieu de leurs habitudes, trancherait le fil des trames qu'elles ourdissaient, ce moyen procurerait encore au Comité l'avantage de se débarrasser des sollicitations de toutes ces personnes à considération, de tous ces demi patriotes, tièdes ou modérés, qui oublient le salut de la patrie pour ne s'occuper que de ses assassins. »

Aussi, ce même jour, le Comité ordonna-t-il le transfert à Pau de dix dames, que les mêmes gendarmes escorteraient.

1. Le Collège était la ci-devant maison d'éducation des doctrinaires. Les Carmes étaient un ancien couvent de religieux chassés par la Révolution. Enfin la maison Luscan était celle d'un chanoine qui, afin de demeurer en réclusion chez lui, l'avait offerte au Département pour y interner les prêtres.

2. Ces chiffres de détenus sont pris dans diverses listes conservées dans la série L. IV, parmi les documents du Comité de surveillance Elles ne sont pas datées mais sont antérieures au 21 ventôse an II.

Ces échanges furent renouvelés[1] et, au mois de ventôse, lorsque Monestier fut sur le point de partir pour Tarbes, un bon nombre de suspects étaient reclus à Pau. Le 21 (11 mars), ce Représentant transmettait l'ordre suivant au Comité de surveillance de cette ville : « Je vous prie et vous requiers de faire partir, sous la garde et surveillance du citoyen Jean-François Havette, les nommés Coture, Roquemaurel, Fourcade-Parret, Fabas, Depierris, Dastugue, Verdelin, Henri Verdelin, Prat, Darrieux, Théaux, Lafforgue, Lucas, Ferrère, Decamps et les citoyennes Journet, Castelbajac, Monet, Dangosse, Belleroche et Verdelin, tous du département des Hautes-Pyrénées.[2] »

A quel mobile avait obéi Monestier en commandant cette réintégration, c'est ce qu'il est difficile de deviner, à moins qu'il ne se fût proposé de leur faire leur procès à Tarbes et de venger la nation sur le lieu même où ces aristocrates et ces fédéralistes l'avaient outragée.

II

L'une des raisons mises en avant par le Comité de surveillance de Tarbes pour éloigner les reclus, était qu'il voulait se soustraire aux sollicitations. Monestier avait déjà obvié à cet inconvénient.

Le 13 ventôse (3 mars), « plusieurs femmes ou filles détenues au séminaire, avaient envoyé une pétition à Monestier. » Pour le bien disposer en leur faveur, elles avaient accompagné leur supplique d'une chanson, où peut-être elles célébraient le farouche conventionnel.

L'intègre et pur Monestier en prit ombrage et, le 16 ventôse (6 mars), il transmettait au Comité de surveillance de Tarbes un arrêté pour protester contre un manquement aux Lois qui régissent les reclus, et contre les soupçons désobligeants dont la Représentation nationale aurait pu être atteinte en cette occasion.

Monestier, avant d'en venir au fait précis, rappelle un principe général qui régit la matière : « La Loi qui a ordonné que, par mesure de sûreté générale, les individus suspects seraient mis en état d'arrestation n'a pas entendu qu'il leur fût donné d'autres soulagements que ceux dûs à l'humanité souffrante et punie. »

1. Archives des Hautes-Pyrénées, série L, IV, b. Comité de surveillance de Tarbes.

2. Archives nationales, A F II, carton 134-1090.

Or « une mesure de sûreté, qui n'a jamais dû recevoir le moindre adoucissement, est celle qui interdit aux personnes recluses des communications autres que par écrit et avec leurs proches, de manière que l'esprit public, la réputation des fonctionnaires publics, la tranquillité générale et individuelle ne puissent en recevoir aucune atteinte ».

Venant ensuite au fait, il se plaint que « la police de la maison de réclusion des femmes ne soit pas bien observée. Il ne lui serait pas fait, s'il en était autrement, de semblables adresses, du moins elle ne lui parviendraient pas et il n'aurait pas à craindre qu'elles obtiennent de la publicité. »

L'ex-chanoine, devenu directeur de consciences révolutionnaires, estimait « que le temps employé par ces femmes à faire des chansons est une preuve qu'elles n'ont fait aucun retour sur elles-mêmes et qu'elles conservent au fond de leur cœur les principes d'arrogance nobiliaire, etc. »

L'ex-prêtre, aux mœurs douteuses, prononçant « que la chanson n'est pas écrite de main de femme mais d'homme, s'en indigne non seulement comme d'un défaut de police mais de manquement aux mœurs ».

Il lui restait encore à relever l'outrage qui était fait à un montagnard sans faiblesses. C'était d'ailleurs prudent, à cette époque de suspicions et de dénonciations quotidiennes.

« Les politesses qui nous sont adressées, continue-t-il, et le motif gratuit, très gratuit, de confiance sur lequel ce procédé est basé pourraient laisser penser à des malveillants et à des calomniateurs que nous avons laissé échapper un seul instant, de nos mains montagnardes, la masse révolutionnaire dont nous sommes armé pour frapper impitoyablement tous les royalistes, tous les fédéralistes et tous les intrigants, tous les dilapidateurs et tous les malveillants. »

Et, montant au Capitole, il arrêtait l'article suivant : « Nous déclarons qu'il est impossible de citer de notre part ni un acte d'injustice, ni un acte de fausse complaisance, ni une préférence arbitraire.[1] »

Il ne varia pas là-dessus. Trois semaines après, le 9 germinal (29 mars), terminant un discours devant la Société populaire de Tarbes : « il faut bien se prémunir, dit-il, contre une fausse sensibilité envers

---

1. Archives nationales. A F II, carton 134-1030.

les reclus »; pour lui, « il promet de faire reclure quiconque sollicitera en
leur faveur[1] ».

III

Les parents des victimes pouvaient penser que cette défense n'était
pas pour eux : deux faits, dont l'un faillit avoir des suites tragiques,
leur apprirent que l'accès auprès du cœur du Représentant était interdit à toute espèce de solliciteur, absolument. Perpétue Dupetit-Thouars,
fille du célèbre botaniste de ce nom et femme de l'ex-constituant
Bergasse, fit l'épreuve de la dureté de Monestier. Réfugié dans les
Pyrénées, son mari y fut découvert, arrêté et jeté dans les prisons de
Tarbes. Sa vaillante femme se mit aussitôt en campagne : « elle poursuivit les Représentants du peuple dans les divers lieux où leurs courses
révolutionnaires les portaient : à Tarbes, à Bayonne, à Pau, à Orthez,
etc. », elle leur présenta, sans se lasser « des pétitions, adressés,
mémoires » auxquels jamais une réponse écrite ne fut faite. Tout ce
qu'elle obtint furent ces paroles sèches et froides comme le couperet
national : « Les mesures de sûreté générale sont des lois salutaires qui
doivent être exécutées littéralement. »

Monestier se fatigua plus tôt qu'elle et, le 13 floréal (2 mai), il
ordonna de la mettre en réclusion[2] « pour suspection et pour ses impor-
tunités.[3] »

Le même jour, s'instruisait l'affaire d'une autre criminelle. La liste
des suspects de Dartigoeyte avait amené la réclusion de François de
Marrens, cidevant seigneur de Montgaillard et « employé aux douanes
nationales ». C'était un vieillard de 70 ans « attaqué d'une maladie
grave et incurable[4] ». Il subissait chez lui sa détention, mais son
arrestation, à son âge et avec ses infirmités, lui était pénible. Sa fille,

1. *Journal de la réclusion*. Pages 128.

2. Archives nationales, A F II, carton 134-1017.

3. Archives des Hautes-Pyrénées, série L. IV, b. Comité de surveillance. Compte
décadaire du 10 brumaire an III.

4. Archives de la mairie de Tarbes. Registre des délibérations, 3 brumaire
an III. — Montgaillard, canton de Vic-Fezensac (Gers).

Marie-Anne-Dominique, qui avait épousé un cidevant contrôleur ambu-
lant des finances, le sieur de Picapeyre Cantobre, vint, le 12 floréal
(1ᵉʳ mai), présenter à Monestier un placet en faveur sans doute du
vieillard.

Le Représentant dut lui faire sa froide réponse habituelle. La jeune
femme exaspérée ramassa l'enveloppe que le conventionnel avait rejetée
à terre, la froissa et, la roulant en boule, la lança à la tête de Monestier. Le récit qui en fut fait le soir même au Comité révolutionnaire, le
procès-verbal rédigé le lendemain, disent que la chose se passa publiquement. La chose paraît d'autant plus difficile à croire que la criminelle
fut laissée en liberté et ne fut arrêtée que le lendemain, au moment où
elle s'enfuyait de la maison de son père. Les sans culottes de Tarbes
donnèrent des proportions énormes à l'affaire. « Cette forcenée, digne
émule de l'exécrable Corday, assassin de Marat, avait donné publiquement, à la face du ciel et en présence du peuple, une preuve certaine
de son mépris pour le peuple, de sa rage aristocratique et de ses inten-
tions contre-révolutionnaires. »

La fille Marrens fut déférée au tribunal militaire qui, heureusement
pour elle, se déclara incompétent. Et, comme la loi du 27 germinal
précédent, avait attribué au seul tribunal révolutionnaire de Paris, les
faits de conspiration contre le régime, Marie-Anne lui fut envoyée.[1]

L'idée que les prisonnières purent se faire du farouche Représentant
n'était pas différente de celle qu'il donnait de lui aux autres reclus.
Sa conduite dans les Basses-Pyrénées faisait craindre qu'il n'agît de
même à Tarbes.

L'un des reclus renvoyés de Pau, le cidevant juge du district, Pierre-
Marie Ferrère, rappelait plus tard « son attente de Monestier dans

---

1. Archives des Hautes-Pyrénées, série L, iv, b. Comité de surveillance de
Tarbes. Compte décadaire du 20 floréal. Elle partit de Tarbes le 17 prairial
(5 juin), avec une compagne, Marguerite Faron, ouvrière de Vic, qui l'avait
suivie dans sa fuite. A Paris, le crime de la fille Marrens fut réduit à de
plus justes proportions, puisque nous la trouvons, à la fin de fructidor, dans une
maison de réclusion de la capitale et que, le 11 brumaire (1ᵉʳ novembre 1794), le
Comité de sûreté générale ordonnait sa mise en liberté. (Archives des Hautes-
Pyrénées, B. Registre d'écrou, série L, iv, b. Comité de surveillance, compte
décadaire du 30 fructidor. Archives de la mairie de Tarbes, Registre des délibérations. (8 pluviôse an III).

les prisons de Pau, disant que toute sa gaieté avait disparu[1] ». Le pauvre lieutenant de vaisseau Lassalle « avait paru frappé vivement de l'arrivée du Représentant du peuple Monestier à Tarbes. La femme du concierge de la maison de réclusion ajoutait qu'il s'informait fréquemment si la neige était fondue sur les montagnes[2] ». Il songeait à s'évader. Ce qu'il fit en effet. « Les angoisses que Darneuil, ex législateur, éprouva dans sa réclusion, l'avaient, pour ainsi dire, désorganisé.[3] »

IV

Il y avait lieu d'ailleurs de n'être pas très rassurés. Une lettre de Monestier, en date du 25 germinal (14 avril), ordonnait au Comité de surveillance de Tarbes « de faire, de concert avec la municipalité, placer la guillotine en permanence sur la place où était la pierre faussement consacrée à Simoneau[4] ».

La municipalité y mit de l'empressement : « Le 28 germinal (17 avril), le procès-verbal de réception de l'échafaud destiné pour la guillotine » lui était présenté et elle arrêtait que « l'agent national de la commune était chargé de réclamer auprès du Directoire du département, un mandat de la somme de 150 livres pour final paiement du montant de l'adjudication se portant à celle de 300 livres[5] ».

La sanglante machine avait son trône dressé, on l'y installa, et tout de suite le conventionnel lui prépara sa pâture.

Par le même arrêté du 25 germinal, Monestier ordonnait « d'établir en arrestation, dans la chambre des Carmes, monsieur Corcelle qui avait déjà été reclus[6] ».

1. Archives personnelles de M. l'abbé Lassus. Lettre de Ferrère à sa sœur en 1807.

2. Archives des Hautes-Pyrénées, série L. IV, b. Comité de surveillance. Dossiers individuels, Lassalle.

3. Archives de la mairie de Tarbes. *Biographies* de Corbin.

4. Archives nationales, A F II, carton 133-1018. Place Maubourguet.

5. Archives de la mairie de Tarbes. Registre des arrêtés (à la date).

6. Ib.

Le 3 floréal (22 avril), un nouvel arrêté du Représentant ordonnait.
« de procéder de suite aux recherches des preuves écrites et testimo-
niales contre les nommés Decamps, Albert et Corcelle [1] ».

Jean-Jacques Decamps, fils d'un procureur au sénéchal, était né à
Tarbes en 1746 ; avocat en parlement sous l'ancien régime, successeur
de son père qui lui résigna son étude de procureur en 1769, il postula
dans les justices d'Ossun, Bénac, Castelvieilh, etc., exerça la charge
de procureur fiscal au marquisat de Séméac, remplit les fonctions de
procureur du roi, près la maréchaussée, s'assit enfin sur le siège de
juge en la commanderie de Bordères et Aureilhan.[2] La Révolution fit,
de Decamps, en 1791, un suppléant au tribunal du district de la
Plaine.[3] Il exerçait en même temps, depuis 1790, les fonctions de
secrétaire général du département. En 1792, les électeurs le nommèrent membre du Directoire du département qui le choisit pour son
vice-président.[4]

A l'époque de la Gironde, il fut chargé par ses collègues de porter à
la Convention nationale une adresse fédéraliste de l'Administration.
Avant son départ, arrivèrent à Tarbes les députés de Bordeaux. « Il
s'empressa d'aller les voir; il présida la première assemblée départementale et s'attacha à faire reconnaître les pouvoirs des délégués. Il
partit ensuite et alla en droiture à Bordeaux où il assista aux séances
de la *Commission populaire de Salut Public*. » Il écrivit même de cette
ville, le 6 juillet suivant, à l'Administration afin de lui demander « une
nouvelle commission pour se rendre à Bourges où devait être transférée
la Convention[5] ». Il n'est pas étonnant, après tout cela, que le montagnard Monestier l'ait destitué le 7 septembre 1793[6]. Inscrit sur la liste
des suspects de Dartigoeyte et détenu en conséquence, dans la maison

1. Archives des Hautes-Pyrénées, série L. iv, b. Comité de surveillance.
Compte-rendu décadaire du 10 floréal.

2. Archives des Hautes-Pyrénées, B. Appointements du sénéchal, *passim.* —
B. 2027, 2114, 1755, 1957. — Borgela, notaire. Tarbes, 19 septembre 1784.

3. Archives de M. le docteur Fontan. *Avis et suite d'avis à MM. les électeurs.*

4. Archives des Hautes-Pyrénées, série L. 1, d. Directoire du département.
passim.

5. Archives de la mairie de Tarbes. Registre des délibérations (19 vendémiaire
an III).

6. Archives des Hautes-Pyrénées, série L. 1, f. Arrêtés des Représentants du
peuple (7 septembre 1793). Manuscrits,

de réclusion de Tarbes, Decamps en fut tiré, à la suite d'un arrêté des Représentants Monestier et Pinet aîné, en date du 18 frimaire an II (8 décembre 1793), qui ordonnait sa translation dans la maison de réclusion de Pau. « La sûreté publique exigeait qu'on s'assurât plus particulièrement d'un citoyen qui avait donné dans tous les écarts du fédéralisme et qui devait être livré au jugement des tribunaux.[1] » On avait attendu jusqu'à ce jour.

Pierre-Simon Corcelle, fils d'un coutelier de Tarbes, s'était fait recevoir avocat en parlement. Agé de 25 ans, lorsque la Révolution éclata, « il se montra bon patriote jusqu'au moment des troubles excités par la Gironde et contribua, par les talents qu'il déploya à la Société populaire, à former l'esprit public pour la Révolution ». Il parut entièrement lié avec les députés de la Gironde et fut leur plus ferme appui dans l'assemblée départementale. Ses adversaires l'accusèrent d'avoir été payé par l'ancien ministre Dejoly.[2] On le vit « usurper la présidence de la Société populaire.[3] Antagoniste de tous les patriotes, il attisa les troubles par son éloquence insidieuse et par ses intrigues.[4] Il fit enfin les derniers efforts pour empêcher de rétablir une correspondance avec la Société des Jacobins de Paris, manifestant qu'il était l'ennemi implacable de la Montagne, de Marat et des Parisiens[5] ».

On avait beau dire « qu'ayant toujours été très resserré dans ses ressources, il n'y avait nulle vraisemblance qu'il eût été payé pour jouer un rôle dans les dissentiments de la Gironde.[6] » De telles raisons ne pouvaient ébranler la ferme foi des sans culottes en la corruption de leurs adversaires. Et puis, n'avait-il pas versé le sang des patriotes dans une rixe[7] qu'il eut avec un de ses contradic-

1. Archives nationales, A F II, carton 134-1033.

2. Archives de la mairie de Tarbes. Registre des délibérations (12 brumaire an III).

3. Archives des Hautes-Pyrénées, série L. 1, f. Arrêtés des Représentants du peuple (20 frimaire an II). Manuscrit.

4. Ib.

5. Archives de la mairie de Tarbes. Registre des délibérations (12 brumaire).

6. Ib.

7. Archives de la mairie de Tarbes. Registre des délibérations (12 brumaire an III).

teurs. Dartigoeyte l'avait fait reclure. Provisoirement élargi, il venait de rentrer aux Carmes pour y attendre la vengeance nationale.

Le troisième accusé, Etienne Albert, était un perruquier de la rue des Pyrénées,[1] originaire de Pau, et fixé à Tarbes depuis plus de 25 ans. Ecroué dans la maison d'arrêt, le 14 germinal (3 avril), il en était sorti pour aller aux Carmes.[2] Il est difficile de savoir pourquoi il avait été associé aux deux girondins précédents. En mai 1793, la municipalité l'avait inscrit parmi les « suspects pour avoir reçu chez lui, quelque temps avant sa déportation, le citoyen Ricaud, ex-curé de Sabalos et prêtre insermenté ». Mais il n'avait fait en cela qu'acquitter une dette de reconnaissance envers son ami et son bienfaiteur.[3] Plus tard on l'avait accusé d'avoir fait passer de l'argent en Espagne au vieux curé déporté, ce qui avait amené sans doute son arrestation, le 14 germinal. Dans les motifs de sa réclusion que lui fournit, en fructidor an II, le Comité de surveillance de Tarbes, aucun autre délit n'est relevé.[4]

Quoiqu'il en soit, l'enquête ordonnée fut poussée par les sans culottes tarbais. Mais le grand nombre de pièces et de témoignages à recueillir, les lois du 27 germinal et du 19 floréal suivant, que Bertrand Barère fit porter à Tarbes par un courrier extraordinaire, sauvèrent les trois accusés,[5] dont les crimes n'étaient plus de la compétence des tribunaux de province.

V

Néanmoins la guillotine eut, en ces jours, trois victimes à immoler.

« La commune d'Azereix[6] avait été, dès les premiers jours, le théâtre de beaucoup de mouvements aristocratiques et fanatiques, surtout à l'époque de la scission entre les prêtres réfractaires et les prêtres cons-

1. Le 1er décembre 1789. Etienne Albert achetait pour 2,000 livres une partie de maison, rue des Capucins, devenue rue des Pyrénées sous la révolution Barère, notaire à Tarbes.

2. Registre d'écrou. Archives des Hautes-Pyrénées.

3. Archives de la mairie de Tarbes. Registre des délibérations (à cette date).

4. Archives des Hautes-Pyrénées. Comité de Tarbes, série L. IV, b. Compte décadaire du 30 frimaire an II.

5. *Bertrand Barère à ses commettants après sa destitution.* Archives de M. Gaston Balencie.

6. Azereix, canton d'Osssun, Hautes-Pyrénées.

titutionnels.[1] » Le chanoine Charles-Romain de Sales, appelé un jour par le parti des réfractaires pour leur dire la messe, non seulement n'avait pas pu célébrer les saints mystères, mais encore avait pensé être maltraité par les constitutionnels en fureur. Il dut au dévouement du maire Antoine Dupierris et de Raymond Ducasse Sans, le procureur de la commune, de sortir sain et sauf de la bagarre.[2] Des haines violentes étaient nées qui devaient se terminer par une catastrophe. Le 25 septembre 1793, le maire fut conduit dans la maison de réclusion de Tarbes. Cinq jours après, un arrêté du Comité de surveillance, auquel Dartigoeyte donna son approbation, ordonnait l'arrestation de huit autres personnes. L'ordre fut exécuté, le 2 octobre, et les huit prisonniers conduits au chef-lieu.[3]

Une enquête, ouverte par le juge de paix sur les faits reprochés aux inculpés, ne fournit pas les renseignements sur lesquels on avait compté. La détention des accusés allait cesser lorsqu'une instance nouvelle fut introduite contre eux, le 24 octobre. De nouveaux griefs étaient articulés qui les présentaient « comme très dangereux pour la sécurité publique ». Le 4ᵉ jour du 2ᵘ mois (25 octobre), le Conseil général du département, à qui les dénonciations avaient été adressées, les transmit à l'accusateur public.[4]

«. Le tribunal du district déclara qu'il n'y avait pas lieu de présenter l'acte d'accusation au jury. »

Les dénonciateurs ne se tinrent pas pour battus ; ils inculpèrent une autre série d'habitants d'Azereix, dans laquelle furent compris quatre des accusés de la première série. Un crime nouveau était mis en avant, celui de vol avec effraction nocturne et tentative d'assassinat ; des anciens griefs on ne garda que le crime d'un coup de fusil, tiré sur des jeunes gens qui chantaient le Ça ira, et duquel personne ne fut atteint.

J'ai omis de dire que Ducasse Sans était de la première fournée d'accusés. Il fut aussi de la seconde. La haine semblait s'acharner particulièrement sur lui. Cependant le juge de paix le mit tout de suite hors

1. Archives nationales, A F II, carton 133-1019.

2. Archives de la mairie de Juillan.

3. Archives des Hautes-Pyrénées, série L. IV, b. Comité de surveillance de Tarbes (à ces dates).

4. Archives des Hautes-Pyrénées, série L. I, c. Conseil général du département des Hautes-Pyrénées (à la date).

de causé et Sans fut envoyé dans la maison de réclusion, où il retrouva un de ses co-accusés de la première procédure.

. Les cinq autres furent traduits devant le directeur du juri qui les renvoya devant le juri de jugement du tribunal criminel du département des Hautes-Pyrénées. Ducasse Sans fut entendu comme témoin. Les débats, commencés le 18 floréal, durèrent jusqu'au lendemain (du 7 au 8 mai 1794). Les jurés firent connaître le résultat de leur délibération ; ils déclarèrent non coupables trois des accusés et, contre les deux autres, les citoyens Ducasse Baratte et Coussan-Barbat, ils ne retinrent que le coup de fusil lâché contre les chanteurs du *Ça ira*. .

La loi ordonnait au tribunal de prononcer sans désemparer. Mais les juges étaient fort embarrassés. Ils ne voyaient pas de loi qui s'appliquât au genre de délit des accusés.[1]

Vraie ou non, la raison fournissait au président du tribunal criminel une bonne occasion de faire sa cour à Monestier. Pierre Garren ou, comme on disait sous l'ancien régime, noble Pierre de Garren, né à Tarbes le 2 octobre 1741, était fils d'un pensionnaire du roi demeurant en cette ville. Reçu avocat en parlement, il développa ou gagna dans l'étude du droit, un grand goût pour la chicane. Querelleur et processif, « il avait longtemps tracassé ses frères et sœurs[2] », et injurié, dans des libelles, ses deux beaux-frères, Dumoret et Soutras.[3] En septembre 1792, il devait au collège de Tarbes, depuis 20 mois, une somme de 200 livres, pour arriéré de la pension de ses fils. Il fallut que le syndic le citât devant le tribunal du district où Garren se défendit par de misérables arguments.[4] Les électeurs l'avaient nommé, en 1790,[5] suppléant du tribunal du district de Bagnères, dont il devint juge en

---

1. Archives nationales, D III, 355. *Dénonciation de Darneuilh contre Monestier.*

2. Archives des Hautes-Pyrénées, série L. Tribunal du district de Tarbes. *Mémoire de Lassalle, syndic.* — Daléas, notaire à Tarbes, 1er août 1789. — Barère, notaire, le 7 août.

3. Archives des Hautes-Pyrénées, série B. Justice royale de Bagnères. Sentences, 1793. — Garren, Jean-Julien Dumoret et Jean-Julien Soutras avaient épousé trois demoiselles Dartiguelongue, qui avaient apporté chacune 25,000 livres de dot.

4. Archives des Hautes-Pyrénées, série L. Tribunal du district de Tarbes. *Mémoire de Lassalle.*

5. Archives nationales, D III, 206.

1791.[1] Cette même année, il était porté à l'Administration du départe-
tement. « Il assista à la seconde session du Conseil, où il se signala
dans une grande discussion qui eut lieu au sujet des biens des chapelains de Garaison, évalués à près d'un million, qu'on soutenait devoir
être exceptés de la vente des biens ecclésiastiques. Il s'étendit beaucoup, dans un discours écrit qu'il prononça, en faveur des chapelains et
témoigna entre autres, les plus grandes sollicitudes, les plus grandes
alarmes sur le sort de la sainte chapelle ; sa piété vivement émue ne
pouvait voir qu'avec horreur que ce saint lieu serait, un jour peut-être,
un cabaret, un grenier à foin ou qu'il y aurait un jeu de quilles.[2] » Il
fit oublier son fanatisme « en soutenant courageusement la cause de la
liberté et de la République une et indivisible, lors de la prétendue
Assemblée départementale[3] ». Grand brochuriste, il publia plusieurs
écrits sur les juges de paix, sur la culture et l'utilité de la pomme de
terre, sur les assignats, sur les devoirs de la jeunesse, etc.[4] Monestier
le nomma au Département le 7 septembre 1793;[5] enfin Dartigoeyte et
Cavaignac l'assirent au tribunal criminel.[6] « Il y acquit, au témoignage
d'un de ses adversaires, des droits incontestables à l'horreur et à
l'exécration publiques.[7] » Ce n'était pas son avis pourtant : « La loi,
ma conscience et l'amour de l'humanité ont été mes seuls guides,
écrira-t-il plus tard. Dans tous les cas douteux, j'ai toujours été d'avis
d'en référer à la Représentation nationale.[8] »

Cette fois du moins il en référa. Il vint trouver Monestier pour
savoir ce qu'il devait faire. Que va répondre Monestier ? Il était consulté sur un point bien déterminé. Toutes les affaires intentées à ces
malheureux paysans avaient abouti à la déclaration, par le juri, de la

1. Almanach de 1791.

2. Archives nationales, F. 1, b, 11. Hautes-Pyrénées.

3. Archives nationales, A F 11, carton 134-1025.

4 Archives nationales, A F III, 300.

5. Archives des Hautes Pyrénées, série L. 1, f. Arrêtés des Représentants du
peuple (7 septembre 1793).

6. Archives nationales, A F 11, carton 134-1025.

7. Archives nationales, F. 1, b, 11, 2. Hautes-Pyrénées.

8. Archives nationales, A F III, 300.

culpabilité de deux d'entre eux. Le délit ou le crime retenu était nettement exprimé. Un seul point était obscur : le genre de la peine à infliger. C'est sur ce seul point que Monestier devait répondre.

Le proconsul ne donna pas tout de suite son sentiment. Il garda l'affaire deux jours. Enfin, le 21 floréal, émanait de lui un arrêté qui remettait en question, non pas seulement ce qui avait été décidé dans le dernier procès, mais encore tout ce qui avait été fait dans les procès antérieurs.

Il avait ramassé toutes les vieilles accusations écartées par des jugements successifs, abandonnées par le jury; hypocritement, tout en déclarant qu'il respectait la chose jugée, il avait fait un faisceau de toutes ces charges et il accusait les deux hommes d'être des contre-révolutionnaires et requérait contre eux.

Non content de requérir contre Ducasse Baratte et Coussan Barbat, il impliquait dans la nouvelle affaire Ducasse Sans et Ducasse Coutéou, absous tous les deux et détenus dans la maison de réclusion.

« En vertu des pouvoirs illimités dont il était revêtu ; en vertu des décrets de la Convention nationale qui avaient érigé les tribunaux criminels des départements en tribunaux criminels extraordinaires, pour tous les délits autres que les crimes de conspiration, de conjuration ou crimes militaires; en vertu du droit d'attribution qui lui avait été plusieurs fois donné et maintenu par les décrets de la Convention nationale, il érigeait le tribunal criminel du département des Hautes-Pyrénées en tribunal extraordinaire. Il lui ordonnait de juger révolutionnairement les accusés et d'y procéder, dans les 24 heures, sans appel et sans recours en cassation. »

Les accusés étaient dénoncés non pas comme inculpés mais comme certainement coupables.

Ducasse Baratte et Coussan Barbat étaient convaincus d'avoir tiré des coups de fusil ; Ducasse Sans était convaincu de crimes de contre-révolution divers ; Ducasse Coutéou était convaincu d'être un aristocrate et un contre-révolutionnaire.[1] Cela pouvait être la vérité, il n'en était pas moins vrai qu'il y avait là un vice considérable.

Le 22 floréal (11 mai), sur l'ordre de Monestier, le tambour convoqua les membres de la Société populaire à une séance extraordinaire. Il

1. Archives nationales, A F II, carton 134-1037, Arrêté de Monestier.

voulait la régaler d'un spectacle choisi. Sur la place de la Révolution,
la guillotine avait son couperet levé. Des chemises rouges y étaient
suspendues.

Ordre fut donné de faire passer les quatre accusés à côté de la terrible machine lorsqu'on les conduirait devant leurs juges. Cela fut
exécuté. Les infortunés arrivèrent dans le lieu des séances de la Société.
Les juges avaient pris place. « Au milieu d'eux siégeait Monestier déjà
ivre de vin mais qui voulait encore s'enivrer de sang.[1] »

Dans la salle se voyaient ces figures que dépeignait quelques jours
plus tard Monestier à Ysabeau, quand il lui disait : « Tu ne trouveras,
dans la Société de Tarbes, pas beaucoup de ces têtes artistement
coiffées, pas beaucoup de grandes cravates de trois colliers, pas beaucoup de petites boucles, de gilets courts, d'habits pincés, pas beaucoup
d'eau de rose, de parfums délicieux, de figures mitonnées, en un mot
pas beaucoup de messieurs, pas beaucoup de muscadins. Notre lan-
gage ressemble à notre costume.[2] »

Les débats commencèrent. « Peu satisfait d'influencer les juges par
sa présence, Monestier accablait les accusés, Ducasse Sans en particulier, des injures les plus graves pour le rendre odieux au public. Il lui
supposait des crimes dont la fausseté était prouvée par des actes publics.
Il viola en lui le plus saint et le plus sacré de tous les droits, non seulement en le privant du secours d'un défenseur officieux, mais en lui
interdisant la parole toutes les fois qu'il la réclamait pour sa défense.[3] »
« Vous avez beau faire, disait-il ; dans une heure vous périrez, l'échafaud est prêt, vous l'avez vu. » Pendant ce temps, les enfants des
victimes se lamentaient à ses pieds. Pour étourdir son âme, pour résister à ces agissements, l'odieux tyran se gorgeait, en présence du
peuple, de café et de liqueurs.

« Les juges prononcèrent en tremblant ou plutôt Monestier prononça.[4] » Ducasse Sans, Ducasse Baratte et Coussan Barbat furent
condamnés à mort. Ducasse Coutéou échappa au supplice.

---

1. Archives nationales, D III, 355. — Cf. Registre de la Société populaire.
Archives de Tarbes à cette date.

2. Archives de la mairie de Tarbes. Registre des délibérations de la Société
populaire (22 prairial).

3. Archives nationales, D III, 355. *Dénonciation de Darneuilh.*

4. Archives nationales, Ib. *Dénonciation d'Ozun.*

« Monestier ne se contenta pas d'assister au jugement; il voulut être présent à l'exécution.[1] » Il était cinq heures du soir. Le sinistre cortège était arrivé sur la place de la Révolution.[2] « Le peuple pétrifié ne pouvait que manifester sa consternation. Monestier s'offensa de la douleur qui se peignait dans tous les yeux et força les spectateurs à crier : Vive la République.[3] »

Or il y avait là-bas, sur la frontière, un jeune sergent du 4º bataillon des Hautes-Pyrénées qui offrait son sang pour la patrie, pendant qu'un assassin à plumet et à écharpe tricolore faisait couler le sang de son père sur la place de la Révolution de Tarbes. C'était le fils de Ducasse Sans.[4]

CHAPITRE VII

DÉTRESSE

I. DÉTRESSE. — II. RÉPARTITION DE GRAINS. — III. PALLIATIFS, BRUITS SINISTRES.

I

La situation, au point de vue des subsistances, n'était pas devenue meilleure, depuis le 7 germinal (27 mars 1794). Le 26 de ce mois (15 avril), en effet, « le corps municipal de Tarbes constatait que la situation de la commune devenait de jour en jour plus alarmante. Il résultait de recensements faits, le 22 et le 23 précédents, qu'il ne restait aux habitants que 31 sacs 1 mesure froment; 51 sacs carron[5]; 18 sacs 3 mesures seigle; 4 sacs 2 mesures orge et 2,075 sacs 3 mesures milloc; qu'il revenait par conséquent une mesure un boisseau de milloc par individu sur le nombre de 6,600 montant de la population ».

1. Archives nationales, D III, 355. Darneuilh.

2. Archives de la mairie de Tarbes. Registre de l'état civil.

3. Archives nationales, D III, 355. Darneuilh.

4. Archives de la mairie de Tarbes. Registre de la Société populaire (10 ventose an III.

5. Carron ou Méteil, mélange de froment et de seigle.

Par la comparaison de ces ressources avec les besoins journaliers, « il était démontré qu'il ne restait de subsistances dans la commune que jusqu'au 23 floréal (12 mai)[1] ».

Monestier, qui était resté à Tarbes jusqu'au 10 germinal au moins, « n'avait appris, dit-il, le contre ordre donné à sa réquisition des 15,000 quintaux de grain que beaucoup de temps après, étant à Pau. De suite, le 26 germinal (15 avril), je mis à la disposition de l'Administration du département des Hautes-Pyrénées, tout le milloc et tout le carron qui se trouverait dans les greniers et magasins publics existants dans le département[2] ». Le Directoire, dans sa séance du même jour, enregistra l'arrêté et en ordonna l'exécution.[3]

Pendant que s'accomplissaient les préliminaires obligés de la répartition, arriva le jour du grand marché de Tarbes, qui tombait le 28 germinal (17 avril). La place fut absolument dénuée de subsistances. « Au préjudice des réquisitions à elles faites par l'Administration du district, les communes d'Ibos, Bordères, Oursbelille, Gayan, Tarasteix, Oroix, Séron, Gardères, qui auraient dû porter 55 sacs de milloc, n'avaient pas daigné, par un accord condamnable, envoyer une seule mesure de grain.[4] »

« Le corps municipal ne put entendre sans émotion les instances plaintives d'une foule innombrable de citoyens, qui réclamaient un coupeau de milloc, les uns pour la subsistance de la famille, les autres pour les semences et il chargea son agent national de dénoncer au District les communes égoïstes.[5]

II

Enfin, le 1er floréal (20 avril), le Directoire du département fit la distribution des grains accordés par Monestier. L'Administration centrale qui avait demandé, conformément à l'arrêté du Représentant, « l'état des grains de toute espèce qui restaient dans les greniers

---

1. Archives de la mairie de Tarbes. Registre des arrêtés à cette date.

2. Archives nationales A F II, carton 134-1010.

3. Archives des Hautes-Pyrénées, série L, 1, d.

4. Archives de la mairie de Tarbes. Registre des arrêtés à cette date.

5. Ib.

d'abondance des districts, les avait tous reçus à l'exception de ceux du district de Labarthe ».

De ces états il résultait qu'il n'y avait de froment que dans le seul grenier du district de Tarbes, qui contenait en outre 900 quintaux de méteil ou carron, 111 sacs de maïs ou milloc et 30 sacs d'orge. Les magasins des autres districts étaient presque vides.

Dans l'ignorance où était le Département de la position du district de Labarthe, il ne put faire une distribution complète. Mais comme il ne pouvait assez se hâter de venir en aide aux plus disetteux, il répartit ainsi ces premiers secours :

« Au district d'Argelès qui était dans un dénuement absolu, il fut accordé 310 quintaux de diverses espèces de grain, savoir : 200 de carron, 70 de milloc et 40 de froment.

« A celui de Vic, presque aussi dépourvu que celui d'Argelès, mais moins populeux, on donna 200 quintaux de grain, dont 100 de carron, 40 de milloc, 30 de froment, en y joignant 30 sacs d'orge restant dans le magasin, les habitants de ce district étant plus accoutumés que ceux des autres à se nourrir de cette espèce de grain. Par cet ordre, le district avait, avec ce qui lui restait, 233 quintaux de grain.

« A celui de Bagnères furent donnés seulement 80 quintaux, savoir : 50 de froment et 30 de carron ce qui, joint aux 170 de seigle et de milloc qu'il avait dans son grenier faisait un total de 250 quintaux. »

« Le Directoire « terminait en sollicitant le Représentant du peuple de continuer au département des Hautes-Pyrénées l'intérêt qu'il avait témoigné prendre à sa détresse qu'il a vue par lui-même, de faire attention que ce léger secours qu'il avait accordé ne pouvait fournir qu'à la consommation de quelques jours et de ne pas rendre illusoires les soins qu'il a bien voulu se donner pour le soulagement du département, ainsi que les espérances conçues sur sa réquisition des 15,000 quintaux.[1] »

III

Une réquisition de 184 sacs de milloc faite deux jours après, dans la ville de Tarbes, mécontenta beaucoup les propriétaires qui durent fournir, n'ayant que l'absolu nécessaire. La municipalité déclara « qu'on

1. Archives des Hautes-Pyrénées, série L. 1, d. District du département, à la date.

ne pourrait réitérer les réquisitions sans s'exposer au danger d'un refus général qui deviendrait très embarrassant pour la municipalité et très dangereux, en mettant en opposition une partie du peuple à qui il reste quelques modiques ressources, contre l'autre qui n'a rien. Il était temps que l'Administration prit les moyens de pourvoir à la subsistance des habitants qui touchaient au moment d'une détresse absolue [1] ».

« Etant à Pau, le 3 floréal (22 avril), écrit encore Monestier, j'appris, par voie indirecte mais sûre, qu'il existait dans un magasin à Nogaro, chef-lieu de district du Gers, au moins 12 à 1,500 quintaux de froment, rassemblé en vertu de mon arrêté du 5 germinal. » Il en requit 800 quintaux. [2]

Le Directoire du département qui reçut, le même jour, l'arrêté du Représentant, nomma le citoyen Bouvet, de Vic, son commissaire, pour provoquer auprès du district de Nogaro la délivrance des 800 quintaux requis. [3]

Le 8 floréal (27 avril), Bouvet rendait compte de sa commission et l'Administration centrale chargea le district de Vic de mettre en réquisition, dans l'étendue des cantons de Maubourguet et Castelnau, les voitures nécessaires pour ce transport. [4]

Le 28 floréal (17 mai) se présentait au Département le citoyen Henri Sarrabairouse, membre du district de Labarthe. Il était porteur d'un arrêté de cette administration relatif aux besoins pressants de ce pays en fait de subsistances. Il en fit lui-même un exposé verbal. Le Département présenta quelques objections; « néanmoins, en raison des besoins pressants du district, le Directoire départemental autorisa le commissaire de la Neste à prendre, dans le grenier d'abondance de Tarbes, la quantité de 100 quintaux de froment [5] ».

Cette détresse, à laquelle on ne parvenait point à remédier par les

1. Archives de la mairie de Tarbes. Registre des arrêtés, à la date.

2. Archives nationales, A F II, carton 114-1019.

3. Archives des Hautes-Pyrénées, série L. 1, d. District du département, à la date.

4. Ib.

5. Archives des Hautes-Pyrénées, série L. 1, d. Directoire du département, à la date.

demi mesures prises, était pour le département une source continuelle d'inquiétudes. L'installation, dans ces jours troublés, de la guillotine en permanence, sur la place de la Révolution de Tarbes, alarma encore les imaginations. Bientôt circula un bruit sinistre « *on devait guillotiner les enfants et les vieillards pour prévenir la disette* [1] ».

En temps ordinaire, le bon sens en eût fait justice ; en ces jours-là, la rumeur dut prendre assez de consistance, puisque le District se crût obligé d'en parler dans sa correspondance avec le Comité de Salut public. Le Comité y répondit par un arrêté qui chargeait le District de Tarbes, dans le ressort duquel surtout le bruit circulait, « de faire mettre en état d'arrestation et de faire traduire à la Conciergerie, à Paris, les auteurs d'une semblable annonce [2] ». Le District envoya l'arrêté à exécution. Il fut lu, le 25 floréal (16 mai), dans la Société populaire de Tarbes et accueilli par des applaudissements [3] ».

CHAPITRE VIII

MONESTIER (DU PUY-DE-DOME) DÉNONCÉ

I. BOUSIGUES : LES SUBSISTANCES, L'ENQUÊTE SUR LES BRUITS SINISTRES. — II. COMPLOT DE BOUSIGUES DÉCOUVERT. — III. PROTESTATIONS ET MESURES DIVERSES. — IV. LES AUTORITÉS CONSTITUÉES; LA COMMUNE, LE DÉPARTEMENT. — V. MONESTIER DÉFENDU PAR SES COLLÈGUES. — VI. ARRIVÉE D'YSABEAU.

I

Il était impossible que les difficultés qu'éprouvaient l'approvisionnement du département des Hautes-Pyrénées et les souffrances de la population ne fussent pas signalées aux Comités de la Convention. Les Administrations des districts, ou dans leurs lettres ou dans les comptes décadaires auxquels les obligeait la loi du 14 frimaire, en devaient saisir les autorités supérieures.

1. Archives de M. Gaston Balencie, 1er *Mémoire de Bousigues*, page 7.
2. Ib.
3. Archives de la mairie de Tarbes, Registre de la Société populaire, à la date.

C'est ce qui eut lieu. « L'arrivée des grains du Gers ne s'effectuant jamais, le District de Tarbes, à qui il n'était permis de négliger aucune mesure de prudence et d'activité pour pourvoir aux besoins des administrés, qui pouvaient devenir très urgents d'un moment à l'autre, avertit la Commission des subsistances que ses réquisitions ou ses ordres n'avaient produit aucun effet [1] ».

Ce District avait pour vice-président un tout jeune homme, à peine âgé de 25 ans. Il se nommait Augustin Bouzigues. Né à Galan, le 8 avril 1769, il était fils d'un receveur du droit d'enregistrement, qui fut aussi greffier du marquisat de Castelbajac et procureur fiscal du siège seigneurial de Galan.[2] Sa mère, Marie Fontan, appartenait à une famille de robe : son père était greffier au siège royal de Galan[3] ; Barthélemy, son frère, exerça les fonctions de substitut du procureur du roi du même siège, il fut encore procureur fiscal en la justice seigneuriale de la même ville[4] et, en 1788, M. Faubeau de Malet le nomma son procureur fiscal au siège du marquisat de Castelbajac. Marie Fontan eut un autre frère, Jean, qui devint prêtre, curé de Bonnefont et apostat.

Augustin Bousigues fut reçu licencié en l'un et l'autre droit, en l'université de Toulouse, le 8 juillet 1790. Son diplôme loue la manière dont il soutint sa thèse, « mais exalte plus encore la pureté de ses mœurs, sa rare vertu et sa louable fidélité à remplir ses devoirs de religion. » Le 12 août de la même année, il était reçu avocat postulant aux sièges de Galan [5].

« Pendant la Révolution, il fit beaucoup d'offrandes patriotiques, il combattit publiquement le système de Lafayette et les deux Chambres. A la suite des journées de juin 1793, il combattit le girondisme et faillit, lui aussi, comme Danton, être assassiné.[6] Il s'en faisait honneur plus tard, dans un discours qu'il prononça le 10 frimaire an II (30 novembre 1793), le jour de la première fête décadaire, au pied de

1. Archives de M. Gaston Balencie. 1er Mémoire Bouzigues.
2. Archives des Hautes-Pyrénées, série B. 1870 sqq. passim, série B. 2831, sqq.
3. Archives des Hautes-Pyrénées, série B. 2831, sqq.
4. Archives des Hautes-Pyrénées, série B. 2849, sqq.
5. Archives des Hautes-Pyrénées, Série B. 2852.
6. Archives des Hautes-Pyrénées, série L. II, b. District de Tarbes (10 frimaire an II).

l'arbre de la liberté, « de cet arbre dont les racines n'ont pu se forti-
fier qu'en les arrosant du sang des princes et des .rois. Songez,
s'écria-t-il, que la voix qui vous parle n'a jamais formé des accents que
pour votre bonheur ; pour vous, nous avons bravé les poignards, méprisé
la calomnie ; pour vous, nous braverons encore les derniers efforts de
la malveillance ; si le témoignage d'une conscience pure ne nous eût
soutenu, peut-être aurions-nous déjà succombé sous les efforts de
l'intrigue.[1] »

Tous ces titres le signalèrent à l'attention de Monestier qui, le 3
septembre, lors de l'épuration du District de Tarbes, le nomma vice-
président de cette Administration où il allait se trouver près de son
oncle Barthélemy Fontan.[2]

Six mois après, le 2 ventôse an II (20 février 1794), il épousait
Jeanne Barère, dernière sœur cadette de Jacques Barère, l'administrateur du département[3]

Bousigues chargé, le président absent ou malade, du compte décadaire avait donc fait « une narration franche et libre de tout ce qui
venait de se passer ». Le jeune vice-président y avait ajouté des lettres
personnelles sur les mêmes évènements. Ses parents et ses amis affir-
maient « qu'il n'avait jamais voulu compromettre la représentation
nationale[1] ». Mais « le District n'avait pu se dissimuler que Monestier
n'avait pas voulu faire rigoureusement exécuter la réquisition par le
département du Gers et dès lors, en écrivant au Comité de salut
public et à la Commission des subsistances, soit par lettre, soit dans son
compte décadaire, l'Administration ou le vice-président avaient pu se
permettre de dire, pour mettre leur responsabilité à couvert à l'égard
des administrés, qu'aucune réquisition en subsistances ne s'exécutait,
que le grain n'arrivait pas, et que Monestier, qui laissait sa démarche
envers le département du Gers inutile, paraissait en être la cause ».
Ils l'avaient pu d'autant plus « qu'ils n'apercevaient d'autre motif à la
non exécution de la réquisition que la trop grande bonté de Monestier.
Il n'est pas douteux que la Commission des subsistances et le Comité

---

1. Archives de M. Gaston Balencie. *Discours de Bousigues*, à cette date.

2. Archives des Hautes-Pyrénées, série L. 1, c. Conseil général du département. Manuscrit.

3. Registre de l'état civil de Tarbes.

4. 1ᵉʳ *Mémoire de Bousigues*. Archives de M. Gaston Balencie.

de salut public, jugeant la conduite de Monestier commé celle d'un Représentant digne de leur confiance, n'eussent vu, dans le retard qu'il mettait à faire exécuter sa réquisition, plutôt la faute de quelques obstacles insurmontables que le défaut de zèle ou d'amour pour la chose publique[1] ».

Telle ne fut pas l'interprétation donnée à la correspondance de Bousigues et par les ennemis personnels du jeune homme et par les flatteurs de Monestier.

Il avait déjà des ennemis en frimaire, et nous l'avons entendu s'en plaindre. L'incident dont nous avons parlé, à la fin du dernier chapitre, lui en avait procuré d'autres.

Le District, nous l'avons vu, avait été chargé, par le Comité de salut public, de rechercher les auteurs du bruit qu'on allait guillotiner les enfants et les vieillards. Dans l'arrêté qu'il prit pour ramener à exécution celui du Comité, « il invitait les citoyens à dénoncer tous ceux qui avaient disséminé ce bruit. N'ayant reçu aucune déclaration et connaissant un de ceux qui en avait frappé le premier l'opinion publique et alarmé les citoyens, l'Administration écrivit au citoyen Bernard, pour l'engager à venir déclarer comment il avait fait la découverte de ce propos, injurieux tout à la fois à l'humanité et aux ressources de la nation française. Il fit sa déclaration, en désignant le citoyen Cavaillé de Tarbes et sa mère, comme étant ceux qui le lui avaient appris. Le District fit inviter les citoyens désignés par lui de se rendre, ainsi que Garrigues, membre de la Société populaire ; chacun d'eux lui fit sa déclaration écrite et, les trouvant insignifiantes, le District crut que ce n'était pas le cas d'user rigoureusement de la mesure de sûreté prescrite par le Comité de salut public. Bousigues fit la proposition que le District consignerait les dits citoyens dans la commune de Tarbes. » Son père affirme qu'il ne proposa jamais de mesures plus graves. La consignation du reste parut trop sévère à l'Administration. Alors Bousigues proposa d'écrire au Comité de salut public pour lui demander la conduite à tenir ; en attendant et « provisoirement, ces citoyens seraient invités à se représenter au District toutes les fois qu'ils en seraient requis. Cette dernière mesure, rédigée en arrêté et lue par lui, n'éprouva aucune difficulté ; ce qui, en qualité de vice-président, la lui fit porter au secrétaire pour qu'il la couchât *(sic)* ».

_____

1, Archives de M. Gaston Balencie, i⁰ʳ *Mémoire de Bousigues.*

« On proposa, à la suite de cette mesure, une lettre contenant
l'exposé des faits, à laquelle le Représentant du peuple voulut en ajouter
une pour le Comité de salut public. Cette lettre fut signée des membres présents ; et, comme vice-président, étant chargé d'en faire l'envoi,
Bousigues crut qu'il était de son devoir d'y joindre l'extrait collationné
de l'arrêté mentionné plus haut et qui fut entendu sans réclamation.[1] »

II

Ces mesures mécontentèrent beaucoup ceux qui en furent l'objet.
D'après eux, « Bousigues calculait déjà dans son âme le nombre de
têtes qu'il allait faire tomber ; il savourait par avance les délices de ce
spectacle de sang ; il éprouvait les avant-coureurs des jouissances du
crime quand il victime la vertu[2] ».

« On remarquait le ton d'audace avec lequel cet homme parlait de
sa correspondance avec le Comité de salut public ; à l'entendre, il
jouissait de la plus grande confiance auprès des augustes Représentants
qui le composent ; il menaçait de son prétendu crédit tous les citoyens
qui n'avaient pas le bonheur de lui plaire, et on observait que tous
ceux-là étaient de vrais républicains, sur la tête desquels il menaçait de
faire tomber la foudre de si loin.

« Deux sans culottes, Authenac et Destieux, conduits par le génie
républicain se rendent, le 8 prairial (27 mai), à l'Administration du
district : ils demandent aux membres, qu'ils rencontrent les premiers,
communication de certains arrêtés, pris dans le cours de germinal et de
floréal.[3] »

« Abbadie, membre du conseil, les introduit à l'insu des autres
administrateurs,[4] » et « les registres leur sont ouverts sous les yeux
du secrétaire général et de tous les commis présents au secrétariat,
ainsi que d'un peuple nombreux[5] ».

Il leur fallait certes une hardiesse peu commune pour venir ainsi

---

1. Archives de M. Gaston Balencie. 1er *Mémoire de Bousigues.*

2. Ib. La Société Montagnarde de Tarbes, adresse à ses frères de toutes les
Sociétés.

3. Ib. Cf. Archives de Tarbes. Registre de la Société populaire, pour la date.

4. Archives de M. Gaston Balencie. 1er *Mémoire de Bousigues.*

5. Archives de M. Gaston Balencie. La Société Montagnarde, etc.

« feuilleter les registres particuliers qui contenaient la correspondance particulière d'un corps constitué avec le gouvernement, pour violer un dépôt aussi sacré, en la rendant publique ; je dis sacré, car une correspondance aussi secrète que celle qui doit exister entre les différents Comités de la Convention et une autorité constituée, chargée directement de maintenir le gouvernement révolutionnaire, ne pouvait être livrée à l'œil de tous les curieux ni aux recherches des mal intentionnés. Cette entreprise de leur part parut à Bousigues si contraire au respect dû aux opérations d'un corps constitué qu'il demanda, à son retour, qu'on en fît procès-verbal ; cette demande ne fut accueillie par ses collègues que par l'ordre du jour.[1] »

Ce qui s'était passé dans la journée du 9 prairial (28 mai), explique la conduite des administrateurs.

La Société populaire régénérée, convoquée extraordinairement, s'était réunie dans la matinée de ce jour. Un de ses membres, Authenac ou Destieux sans doute, annonce au peuple que « le vertueux Monestier est dénoncé par l'Administration du district, comme ayant soutiré les subsistances du département des Hautes-Pyrénées, comme ayant pressuré ses habitants, comme ayant empêché l'arrivage des subsistances d'un département voisin, comme ayant violenté les consciences, comme ayant attenté à la liberté des opinions religieuses et poussé le peuple au désespoir et à la révolte ».

Les citoyens Bernard, Garrigues, Cavaille et sa mère « sont également dénoncés : les uns comme ayant concouru avec Monestier à affamer le département ; les autres comme ayant voulu accréditer le bruit affreux qu'on allait guillotiner tous les vieillards et tous les enfants, afin de rendre moins nombreux les consommateurs de subsistances ».

Le District « dénonce enfin l'existence d'un système tendant à perdre la liberté par la famine et par la calomnie dirigée sur les autorités constituées ; il avance en fait qu'il y a eu des mouvements, dans plusieurs communes, à raison de la fermeture des églises et de l'abdication des prêtres ; qu'il y a dans le département des individus qui ont voulu détruire l'idée consolante d'un Etre suprême, qui punit le crime et récompense la vertu ; qu'enfin il y a dans ce département des complices de la conjuration d'Hébert[2] ».

---

1. Archives de M. Gaston Balencie. 1er *Mémoire*, etc.

2. La Société Montagnarde, etc.

III

Sur les propositions qui sont faites, la Société vote qu'une commission de douze membres se rendrait auprès du District pour vérifier la dénonciation ; qu'immédiatement deux autres partiraient pour avertir Monestier du complot tramé contre lui ; qu'enfin un membre serait envoyé à Paris, auprès des Comités de salut public et de sûreté générale et encore auprès de Bertrand Barère, pour solliciter le prompt jugement de cette affaire qu'on leur dénoncera.

Le citoyen Claude Mascassies, membre du District, se levant, déclara « que l'Administration s'était seulement aperçue, le jour même, de cette correspondance calomnieuse. Indignés de cette scélératesse,. ses collègues Campan et Abadie, l'agent national Candelé-Bayle et lui protestaient contre ces mensonges, ouvrage d'un seul qui avait abusé de leur confiance ».

Dans la séance du soir, le District vint à la société. Etaient là : Darroy, président d'âge, Bordenave, Pradaux, Campan, Abbadie, Clarac, Mascassies, Fontan et l'agent national. Tous, même l'oncle du vice-président, protestent et disculpent Monestier. Ils désavouent la correspondance de Bousigues, dont la lecture qui en est faite indigne la société. [1]

On comprend dès lors l'indifférence qui accueillit, au sein de l'Administration, la protestation du vice-président. Ce qu'on comprend moins c'est « la pusillanimité, la méchanceté ou la mauvaise foi de ces hommes, dont plusieurs avaient signé la correspondance et dont les signatures ne pouvaient être effacées des lettres écrites et reçues à Paris [2] ».

Les citoyens Authenac et Chevrand avaient été envoyés auprès de Monestier. L'un d'eux revint le lendemain et rendit compte à la Société de la manière dont ils avaient été reçus à Pau par le Représentant qui, à leur communication et aux témoignages de sympathie que lui donnaient ses amis de Tarbes, avait versé des larmes d'attendrissement. Il

1. Archives de la mairie de Tarbes. Registre de la Société populaire, à la date.
2. Archives de M. Gaston Balencie, 1er *Mémoire*, etc.

écrivit le jour même, 10 prairial (29 mai), une lettre dont communication fut donnée à l'assemblée. « Il n'a pas de haine, disait-il : c'est un sentiment qu'il ne connaît pas. Il n'a pas de colère : il n'a ressenti que le chagrin que fait éprouver la découverte d'un calomniateur, d'un ingrat, d'un faux patriote. » Il s'attache ensuite à démontrer son innocence sur tous les chefs d'accusation, et termine en remerciant la Société de ses sympathies.[1]

A la même séance, on avait annoncé que la municipalité de Tarbes venait de délivrer un passe-port à Bousigues. On envoya tout de suite des commissaires pour vérifier le fait. Effectivement le malheureux jeune homme, effrayé de l'orage qui s'amoncelait sur sa tête, se préparait à fuir. Il ne fallait pas laisser échapper la victime. Une seconde députation est dépêchée à la mairie pour prier la municipalité de retirer le passe-port. D'ailleurs, lui insinuait-on, elle n'avait pas le droit de l'accorder, puisque la loi du 14 frimaire défend aux fonctionnaires d'abandonner leur poste. Les membres du Comité de surveillance, présents à la réunion, furent priés de se réunir aussitôt afin de délibérer sur les mesures de sûreté générale à prendre contre Bousigues. Avant la fin de la séance, on apprit que le vice-président du District était à la maison commune et que le passe-port lui avait été retiré.

Comme l'affaire était urgente, les séances de la Société se multipliaient. Le 11 prairial (30 mai) au matin, avait lieu une séance extraordinaire pour nommer le délégué qui devait se rendre à Paris et ouvrir une souscription pour lui payer les frais de voyage et de séjour. La souscription produisit 854 livres et le vote proclama le nom de l'instituteur Piqué.

Le soir, la question Bousigues fut remise sur le tapis. Pour l'écraser, on fouilla dans son passé ; on rappela qu'il avait prévariqué dans ses fonctions d'adjoint à l'agent militaire. L'accusateur public à qui, deux jours après, on demandait où en était l'affaire d'escroquerie, intentée à Bousigues, répondit qu'il l'avait perdue de vue, qu'il supposait qu'elle avait été jugée devant les tribunaux et que l'accusé avait sans doute été déclaré innocent, ayant été depuis nommé administrateur du district.[2]

1. Archives de la mairie de Tarbes. Registre de la Société populaire, à la date.

2. Archives de la mairie de Tarbes. Registre des délibérations de la Société populaire, aux dates.

L'observation était fort juste, mais qu'importait cela à de pareils adversaires? « L'imposture, écrivait plus tard Bousigues père, ne leur coûtait rien; ce que les lois avaient déjà jugé ne paraissait pas suffisant à ses enneemis; ce dont l'opinion publique l'avait lavé, soit par sa promotion à la place d'administrateur du district, soit par différentes nominations à la présidence de la Société populaire, tout cela n'avait pu servir de frein à la passion aveugle des hommes qui le poursuivaient.[1] » Dans le dossier envoyé à Paris, les sans culottes tarbais signalaient en effet, entre autres choses, « les preuves légales des malversations et coquineries de Bousigues, antérieures[2] » à sa dénonciation.

Les adresses des Sociétés populaires à qui, dès le 9 prairial, la Société épurée de Tarbes avait écrit sur ces affaires, commençaient à arriver. Pendant quelques jours, ce devait être un concert d'éloges à Monestier et à ses coaccusés. Partout où Monestier avait passé « il était hautement proclamé le père du peuple; on déclarait qu'il n'avait cessé de s'occuper des besoins des citoyens, de leur assurer à tous une égale portion à la masse des subsistances, de nourrir leurs âmes des vertus civiques et de concentrer toutes leurs forces physiques et morales dans le foyer de la Convention nationale.

« De toutes parts, et particulièrement des communes du district de Tarbes, on rendait compte que les portes des églises s'étaient fermées d'elles-mêmes; que le peuple avait partagé les réjouissances des sans culottes au départ des prêtres; que les subsistances avaient toujours été médiocres à la vérité, mais dans un équilibre constant avec les besoins, au moyen de l'économie et des privations républicaines, dont le peuple s'honorait, bien loin d'en murmurer; que la tranquillité publique n'avait jamais reçu d'altération et que, de la conspiration d'Hébert, on ne connaissait que les applaudissements universellement donnés à son supplice.

« Les autres citoyens dénoncés recevaient aussi leur part de justification respective et nul ne se trouvait atteint ni par la voix publique ni par celle d'aucun individu.[3] »

1. Archives de M. Gaston Balencie. 1er *Mémoire*, etc.

2. Ib. La Société Montagnarde, et

3. Ib.

IV

Restaient les autorités constituées de la ville auxquelles on devait demander de répondre à un questionnaire rappelant les diverses accusations dirigées contre le Représentant du peuple et les sans culottes ses amis. Douze commissaires se rendirent auprès de chacune d'elles, dans la journée du 13 prairial (1er juin).

Nous devinons l'accueil fait aux envoyés par l'Administration du district de Tarbes. Nous savons comment ils furent reçus à la Commune et au Département; nous ignorons quel fut le succès des autres démarches.

A la Commune, le citoyen Castaignet, agent national, aurait voulu, en raison de la gravité des accusations, que la discussion fut renvoyée au lendemain. Mais, sur l'insistance des commissaires et la demande du maire, le Conseil général délibéra, séance tenante, et proclama, bien entendu, la parfaite innocence de tous les accusés.[1]

« Il était six heures de l'après-midi, quand les envoyés de la Société se rendirent auprès du Département. » Ils ne trouvèrent que deux ou trois membres. Le président qui, ce mois-là, était Danton, eut beau les convoquer ; aucun ne parut. On courut à travers les bureaux, mais en vain ; il fallut que les commissaires attendissent une heure et demie, pour avoir deux autres membres et les chandelles furent allumées, avant qu'on ne se mit en séance.

La Commission exposa le motif de sa venue. « A peine son orateur eut-il fini de parler que le président prit la parole et répondit, au nom de l'Administration, sans la consulter, que le Département ne croyait pas devoir s'occuper de cette invitation, attendu qu'il ne connaissait pas de loi qui l'y obligeât.

Le citoyen Authenac s'étonna que le président se permit de répondre ainsi, au nom de l'Administration, sans avoir pris individuellement l'avis de chacun des membres.

Le citoyen Laïrle, qui eut la parole après Authenac, commença par appuyer l'opinion du président, mais finit en demandant au moins l'ajournement. Ce fut encore l'avis de Lamarque. Le citoyen Carles, qui venait d'entrer à l'instant même et n'avait pas entendu les questions

---

1. Archives de la mairie de Tarbes. Registre des délibérations du Conseil général, à la date.

de la commission, s'excusa tout d'abord d'être venu si tard, puis se rangea à l'avis du président.

Prenant à son tour la parole, le citoyen Verdot parla dans le sens d'Authenac. Cependant, comme pour donner satisfaction au citoyen Laïrle, il acceptait que les questions fussent renvoyées au bureau d'ordre public qui pourrait fort bien donner son rapport séance tenante.

Les membres, qui avaient d'abord proposé le rejet de la proposition, s'adoucirent alors et demandèrent l'ajournement au lendemain. Authenac se hâte de profiter de l'avantage, il insiste de nouveau, il déclare que l'affaire est urgente. Comme membre du bureau d'ordre public, il est prêt à faire et à déposer tout de suite un rapport. Le citoyen Verdot vient à son aide, mais ils perdent leur peine. L'Administration centrale renvoie l'affaire au lendemain.

Les commissaires insistent comme ils ont fait près de la municipalité, déclarant que le peuple ne saurait attendre ; le député envoyé à Paris n'attendait plus que la réponse du Département pour partir. Mais la majorité persista dans son vote.

Les envoyés s'en allèrent tout dépités et, le dépit croissant à mesure qu'ils s'éloignaient, ils se décidèrent à revenir sur leurs pas, pour reprendre les questions qu'ils avaient laissées sur le bureau du Directoire. En les reprenant, ils déclarèrent aux administrateurs qu'ils allaient faire leur rapport à la Société et lui dire que le Directoire du département n'avait pas voulu formuler son avis. Vous ne direz pas la vérité se contenta de répliquer l'un des membres de l'Administration.[1]

V

« Durant que la Société s'occupait de toutes ces mesures, le Représentant Monestier arriva à Tarbes. Il y fut reçu, racontent ses amis, comme un père au milieu de ses enfants. Un peuple immense s'empressait autour de lui et le comblait de ses bénédictions.[2] »

Ce fut le 14 prairial (2 juin) qu'il parut dans la Société. Il y renouvela sa défense. Les jours suivants, 15, 16 et 17, bien que le Représentant rappelât « qu'en s'occupant trop d'un individu, il était possible

1. Archives de la mairie de Tarbes. Registre de la Société populaire, aux dates.

2. Archives de M. Gaston Balenc. Société Montagnarde, etc.

qu'on négligeât la chose publique, et que le vrai moyen d'honorer la Représentation nationale était de songer uniquement aux grands intérêts de la nation », la Société revenait fréquemment à la grande affaire qui préoccupait les patriotes tarbais. Le 15, Monestier donna lecture d'une lettre de ses collègues, Pinet et Cavaignac, qui annnonçait l'arrivée prochaine du premier ; le 16, c'étaient les adresses des Sociétés populaires de Pau et d'Ibos qui étaient portées à la connaissance de l'assemblée.

Le 18 prairial (6 juin), Pinet se trouvait dans les murs de Tarbes. Le soir, il accompagna son collègue à la séance de la Société populaire.[1]

Au préalable, pour donner satisfaction aux sans culottes et témoigner sans doute en quelle haute estime il avait « la vertu austère de son collègue », Pinet donna l'ordre de mettre Bousigues en arrestation. « Cette mesure tranquillisa les sans culottes, qui ne craignirent plus de voir échapper ce scélérat au supplice qui doit épouvanter à jamais ceux qui seraient tentés de l'imiter dans cet infâme métier.[2] »

La séance ouverte, Monestier prit la parole : « Citoyens, dit-il, le peuple de ce département était calomnié ; votre Représentant l'était aussi. Il fallait qu'ils fussent vengés l'un et l'autre. Mais je ne pouvais, moi, me charger du soin de la vengeance ; les malveillants m'eussent fait un crime du zèle que j'aurais mis à soutenir les intérêts du peuple, même en oubliant mes propres intérêts. Je devais donc m'en rapporter à mes collègues. C'est à cette délicatesse de ma part que vous devez l'avantage de posséder parmi vous mon collègue Pinet aîné, avec lequel je suis uni par les liens du patriotisme, de la vertu et d'une amitié particulière, dès longtemps contractée sur les hauteurs de la Montagne. »

Des applaudissements éclatèrent, qui furent interrompus par le discours de Pinet :

« C'est au milieu des camps, sur les cadavres des Espagnols terrassés et à côté de mon collègue Cavaignac que j'ai reçu la lettre de mon collègue Monestier, cette lettre touchante dans laquelle, avec sa candeur accoutumée, il ouvre son âme à son ami et se décharge des peines que lui font éprouver l'ingratitude et la calomnie, conjurées contre lui.....

1. Archives de la mairie de Tarbes. Registre de la Société populaire.
2. Archives de M. Gaston Balencie. La Société Montagnarde, etc.

« Eh quoi ! lâches calomniateurs, avez-vous conçu l'espoir sacrilège
que l'incorruptible Barère seconderait vos manœuvres perfides et vous
envelopperait de sa gloire, pour vous dérober à l'œil sévère de la justice ?
Avez-vous pensé que ses collègues respecteraient en vous un nom qu'il
immortalisa par ses travaux. »

Après cette sortie, Pinet s'attache à disculper Monestier et ses amis
des accusations portées contre eux. Ils ne sont ni des partisans
d'Hébert et de Danton, ni des athées. « Les partisans d'Hébert et de
Danton, s'écrie-t-il en un passage de sa harangue, sont ceux qui abu-
sent de la confiance de leurs collègues pour avilir, en leur nom, les
Représentants du peuple et leur supposer méchamment l'intention
atroce d'affamer le peuple, lors même que ces Représentants font tous
leurs efforts pour assurer sa subsistance. Les partisans de Danton et
d'Hébert sont ceux qui se révoltent contre les lois et invitent les simples habitants des campagnes à partager leur révolte, en signant des
adresses qu'ils ont faites eux-mêmes. Ces hommes, citoyens, il n'est
pas nécessaire de vous les nommer, je viens de vous donner leur signa-
lement. »

VI

Comme Pinet terminait son discours au milieu des applaudissements
et des acclamations des sans culottes, on annonça que le Représentant Ysabeau venait d'arriver dans la commune. Les acclamations
redoublent, tandis que Monestier, « descendant du bureau et suivi d'un
groupe de commissaires envoyés par la Société, court inviter son collègue à répondre à l'empressement du peuple qui brûle de le revoir.

« Bientôt la musique se fait entendre ; Ysabeau entre dans la salle.
La joie la plus pure, l'enthousiasme le plus vif éclatent sur tous les
visages, se manifestent dans tous les mouvements. Les trois Représentants sont au bureau, et la musique joue l'air : *Où peut-on être mieux
qu'au sein de sa famille,* pendant que, serrés dans les bras les uns des
autres, ils offrent au peuple un spectacle qui pénètre toutes les âmes et
fait couler de tous les yeux les larmes les plus délicieuses.

« Ysabeau ayant pris la parole dit que c'est avec un plaisir bien vrai
qu'il revoit le bon peuple de Tarbes, auquel il a fait quelque bien,
auquel il désire d'en faire davantage. Il a senti ses forces diminuer

progressivement ; il a demandé un congé. Ayant obtenu un mois, il a décidé de passer ce mois avec ses bons amis des Hautes-Pyrénées. »

Après quelques mots de Monestier, l'enthousiasme, la joie, l'atten-drissement sont au comble ; plusieurs instants se passent dans cet aimable désordre produit par des sentiments extraordinaires. Enfin Ysabeau, fatigué du voyage qu'il vient de faire, demande à la Société l'agrément d'aller prendre quelque repos. Il descend, Monestier et Pinet l'accompagnent.

Restés dans la salle, une partie des membres de la Société entendent un rapport sur la fête qui doit avoir lieu le surlendemain et la commu-nication, que lui fait le citoyen Dulaut, de mesures énergiques prises par la Société populaire de Pau, en faveur de Monestier.[1]

En dépit des applaudissements et de la satisfaction universelle rela-tés par le procès-verbal, l'arrivée du Représentant Ysabeau avait répandu quelque ombre sur la joie des sans culottes. En sortant de la Société populaire, plusieurs s'entretenaient de la surprise qu'avaient eue certaines gens de voir arriver l'ex oratorien si tard dans la Société. Venait-il remplacer le Représentant Monestier ? « Ces bruits prenaient de la consistance en se répandant, et bientôt l'on dit que Monestier avait lu publiquement son rappel et qu'il avait dit qu'il n'était plus Représentant dans les Hautes-Pyrénées, mais bien Ysabeau.[2] »

La nouvelle était évidemment prématurée. Si le Représentant Ysa-beau avait tenu quelques propos dans le genre de ceux qu'on lui attri-buait, c'était, sans aucun doute, de lui seul qu'il était question. Jullien,[3] un tout jeune commissaire du Comité de salut public, avait fini par obtenir de ses patrons le rappel de l'ex-oratorien, dont il trou-vait gênant le modérantisme relatif. A son grand déplaisir pourtant, on accorda à Ysabeau un congé d'un mois et la faculté de le passer aux Pyrénées. Jullien trouvait le conventionnel trop près de son précédent gouvernement.[4]

1. Archives de la mairie de Tarbes. Registre de la Société, à la date.

2. Archives des Hautes-Pyrénées, série L. iv, b. Comité de surveillance (11 thermidor an II).

3. Jullien (Marc-Antoine), né à Paris, le 10 mars 1775, fils de Jullien de la Drôme, emprisonné comme terroriste après thermidor.

4. Henri Wallon. Les Représentants en mission, tome ii, pages 250 et 252.

CHAPITRE IX

VENGEANCES ET EXÉCUTIONS

I. JACQUES BARÈRE DÉNONCÉ ET ARRÊTÉ. — II. LE CAPITAINE
DU PERRON. — III. LE LIEUTENANT LASSALLE.

I

Dans son discours, Pinet avait parlé « de ceux qui se révoltent
contre les lois et qui invitent les simples habitants de la campagne à
partager leur révolte, en signant des adresses qu'ils avaient faites ». Ces
paroles, tout autant que l'allusion à ceux qui portaient le nom de
Barère, était un coup droit porté à l'administrateur du département,
Jacques Barère.

Celui-ci, on s'en souvient, avait été envoyé à Auch pour obtenir du
département du Gers la délivrance de 50,000 quintaux de froment
accordés à celui des Hautes-Pyrénées par la commission des subsistances. Avait-il témoigné, dans cette occasion, quelque mécontente-
ment de la conduite du Représentant Monestier? L'avait-il manifesté
au citoyen Garrigues qui lui avait été adjoint pour sa commission?
N'avait-il pas su, dans la suite, cacher sa mauvaise humeur? Ou bien,
dans ces jours où tant de gens se déchaînaient contre son beau-frère
Bousigues, qui n'avait fait, après tout, que son devoir, avait-il pris
trop vivement sa défense, au gré de Monestier et des sans-culottes?
Etait-il, le 13 prairial, resté obstinément chez lui pour n'avoir pas à
répondre au questionnaire de la Société populaire, et avait-il indiscrè-
tement indiqué le motif de son absence? Nous ne savons; toujours
est-il que, le 18 prairial, Jacques Barère était directement pris à partie
par Pinet et, sans doute aussi, mis en arrestation avec Bousigues.
« *Ceux* qui voulaient donner des fers aux patriotes, expient eux-mêmes
dans les fers, leur scélératesse profonde » avait grondé le Représentant dans son discours.[1]

1. Archives de la mairie de Tarbes. Registre de la Société, à la date.

La raison ou le prétexte allégué était une adresse écrite par Jacques Barère et présentée à la signature des habitants de la campagne. Nous disons prétexte, car les faits mis en avant contre la nouvelle victime étaient connus, très probablement, depuis plus de deux mois.

Le décret du 17 nivôse (6 janvier 1793) sur les successions n'avait pas été favorablement accueilli en quelques points du département. La même répugnance s'était fait jour, à l'endroit de telles autres lois de la Convention nationale.

Le citoyen Jean Deffis, cultivateur de Lannes,[1] ci-devant administrateur du département et, à cette époque, agent national de sa commune, était un des réclamants. Il en écrivit à Jacques Barère, son ancien collègue à l'Administration, et lui demanda de lui rédiger une adresse qu'il ferait signer et enverrait à la Convention. Barère y consentit; il rédigea l'adresse et, en la transmettant à son correspondant, il ajouta une lettre dans laquelle il recommandait à Deffis d'envoyer la pièce signée à Bertrand Barère, « avec sommation », à ce que disent du moins les sans-culottes tarbais.[2]

L'auteur de la pétition y disait que l'égalité de succession détruirait les familles et rendrait les hommes égoïstes. Ce décret n'était point propre à faire des républicains; il ferait plutôt le malheur de la France. Barère « faisait entendre que le peuple de ce pays, déjà violenté pour cause de religion était, pour ainsi dire, prêt à éclater si l'on ne se hâtait de rapporter le décret ». L'adresse traitait enfin d'immorale « la loi relative aux enfants nés hors du mariage[3] ».

Deffis se mit en devoir de faire signer sa pétition. Un grand nombre d'habitants des communes de Lannes, Lamarque, Azereix, Juillan et Averan apposèrent leur signature à côté de la sienne. Le Comité de surveillance de Tarbes, en ayant été informé, fit saisir la pétition et, dès le 9 germinal (29 mars), ouvrit une enquête contre Deffis. Le 29 du même mois (18 avril), revenant à son arrêté du 9, et jugeant que la pétition était « attentatoire au bonheur du peuple », « injurieuse à la Convention nationale », « profondément injurieuse à la majorité du

---

1. Lannes, canton d'Ossun.

2. Archives de la mairie de Tarbes. Registre de la Société populaire (19 prairial). — Cf. Archives des Hautes-Pyrénées, série L. Comité de surveillance (29 germinal).

3. Ib.

peuple français », et « qu'elle était de plus une preuve matérielle et authentique d'atteinte à l'unité et à l'indivisibilité de la République, en fédéralisant plusieurs communes », il ordonna qu'un mandat d'arrêt fût lancé contre Deffis. « Extrait de l'adresse et des signatures devait être envoyée à Monestier pour qu'il voulût bien tracer au Comité la marche qu'il fallait tenir relativement au grand nombre des signataires.[1] »

Comme il arrivait toujours en pareille occasion, le Comité de surveillance visita les papiers de son prisonnier. C'est là que fut trouvée la lettre par laquelle Jacques Barère envoyait l'adresse criminelle. Aucune suite pourtant ne fut donnée alors à cette découverte : on crut ou on voulut croire que Jacques Barère avait, en composant la pièce, simplement rempli son métier d'avocat et prêté uniquement sa plume. Dans sa lettre, il avait rempli l'office de conseil et n'avait pas dépassé la mesure de ses droits.

Mais, plus tard, lorsqu'il fallut chercher matière à condamnation et qu'il n'en fut sans doute trouvé d'autre que la lettre et l'adresse, depuis longtemps oubliées, on les interpréta tout différemment.

Dans la séance de la Société populaire du 19 prairial (7 juin), furent données au peuple les raisons de l'arrestation de l'administrateur du département. « La lettre fut reconnue par la Société comme injurieuse à Bertrand Barère, puisque l'auteur avait l'air de croire que ce Représentant servirait des passions particulières au préjudice de l'intérêt général de la patrie. Elle était injurieuse à la Convention nationale, car on y supposait que la masse de la Convention serait assez faible pour suivre l'impulsion d'un seul, et retirer un décret favorable au grand nombre. Elle était peu respectueuse pour la souveraineté du peuple puisque l'auteur voulait que l'adresse fut adressée à un des Représentants, avec sommation. Enfin elle était l'ouvrage d'un égoïste, puisqu'il préférait ses intérêts et celui du petit nombre à l'intérêt d'une grande nation.

« L'adresse fut lue à son tour et chacun suivit avec horreur la perversité de cet écrit infâme. » Jacques Barère n'était plus un écrivain qui met en ordre les idées d'un illettré. Il avait, le premier, pensé à l'adresse ; Deffis n'avait été qu'un instrument.

---

1. Archives des Hautes-Pyrénées, série L. IV, b. Comité de surveillance (29 germinal).

Le moins que pouvait faire la Société, c'était de rayer l'administrateur coupable du nombre de ses membres; ce qui fut fait, ce même 19 prairial.[1]

On dirigea les deux prisonniers sur Bayonne où ils furent enfermés à la citadelle en attendant qu'on les eût jugés.[2]

La famille Barère était rudement atteinte. Les événements qui venaient de se dérouler apparaissaient comme l'effet d'un complot dirigé autant contre elle que contre Bousigues.[3]

Le père de ce dernier fut aussi frappé et condamné à la réclusion.[4]

II

Une autre arrestation, ordonnée encore le 18 prairial et qui dut faire quelque bruit à Tarbes, fut celle du capitaine de la gendarmerie nationale. Noble Joseph-Laurent de Perron, devenu Perron tout court depuis la Révolution, était un ci-devant officier de l'ancien régime, capitaine au régiment de Saintonge. Devenu dans le nouvel ordre de choses capitaine de la gendarmerie nationale à la résidence d'abord de Bagnères, puis à celle de Tarbes, il avait fait, dans une heure solennelle, ses preuves de montagnard. C'était lors de l'arrestation de Darrieux et Dejoly. Le Département l'avait blâmé et dénoncé, pour sa conduite en cette circonstance, à l'accusateur public,[5] mais les

1. Archives de la mairie de Tarbes. Registre de la Société populaire.

2. Jacques Barère fut envoyé à la citadelle de Bayonne. (Archives du Grand Séminaire de Tarbes. — *Un mot sur les élections de 1830*). Il est tout naturel que Bousigues y ait été conduit avec lui. D'ailleurs le registre d'écrou de la maison d'arrêt de Tarbes ne fait mention à cette date ni de l'un ni de l'autre.

3. Archives de M. Gaston Balencie. 1er *Mémoire*, etc.

4. Il avait composé un mémoire justificatif de son malheureux enfant qu'il demanda à Lagarrigue de Tarbes d'imprimer. Celui-ci refusa ses presses, alléguant que le Comité de surveillance avait fait défense, par arrêté du 1er prairial an II (20 mai 1794), d'imprimer aucun écrit sorti de la maison de réclusion. Bousigues porta son cas devant la municipalité de Tarbes. Celle-ci, par arrêté du 3 messidor (21 juin), ordonna l'impression du mémoire, attendu que le manuscrit dont il s'agit sortait de la main d'un homme qui n'était point sous la surveillance du Comité (Archives de la mairie de Tarbes. Arrêtés de la municipalité, 3 messidor). Le mémoire cependant ne fut publié que plus tard, lorsque le père Bousigues eut recouvré la liberté. (Archives de M. Gaston Balencie. 1er *Mémoire*, etc.)

5. Archives des Hautes-Pyrénées, série L. 1, c. Conseil général du département des Hautes-Pyrénées, Manuscrit (10 juillet 1793).

Représentants Monestier et Ysabeau avaient cassé tout ce qui avait été fait contre lui, déclarant que « Perron, loin d'avoir perdu la confiance publique, comme l'avancent injustement les administrateurs, s'était toujours conduit avec honneur et sans aucun reproche[1] ». Et voilà que, le 18 prairial, dix mois après, un arrêté des Représentants Pinet et Monestier enjoignait « au lieutenant de la gendarmerie de Tarbes, Vergez, de faire sur le champ mettre en arrestation et traduire à la maison d'Orthez, le citoyen Perron, ci-devant noble[2] ». Ci-devant noble, c'est le seul motif d'arrestation qui paraît dans l'arrêté; c'est le seul reproche que le Comité de surveillance de Tarbes trouvera plus tard sur le dossier de l'ex-capitaine. Véritablement, on avait mis bien longtemps à s'apercevoir qu'il appartenait à la caste maudite. A moins que, ce qui est probable, le capitaine de la gendarmerie n'ait été compromis par les relations qu'il avait sans doute avec les suspects récents.

III

Le même jour que la Société populaire délibéra sur le cas de Jacques Barère, s'était joué à Tarbes un drame terrible dont le Représentant Monestier avait été l'un des principaux acteurs.

Dans la nuit du 12 au 13 germinal précédent (1er et 2 avril 1794), un jeune lieutenant de vaisseau, nommé Joseph-Augustin de Lassalle d'Harader, de Vic, détenu dans les prisons de Tarbes depuis le 2 septembre 1793, s'évada de la maison de réclusion où il avait été interné.

Le citoyen Féraud, de présence à Tarbes, le déclara hors la loi, par application du décret du 23 ventôse (13 mars), et permit à tous les citoyens de lui courir sus.[3] Pendant longtemps, les recherches furent vaines. Mais enfin, le 10 prairial (29 mai 1794), Lassalle fut découvert et arrêté à Maubourguet, dans une maison où il se tenait caché, par un piquet de la garde nationale de cette ville. Transféré, du lieu de son arrestation, à Vic, puis à Tarbes,[4] il fut écroué, le 12 prairial, dans la maison d'arrêt de cette dernière commune.

---

1. Archives des Hautes-Pyrénées, série L. I, f. Arrêtés des Représentants Imprimés (à la date).

2. Archives nationales, A F II, carton 133-1019.

3. Archives des Hautes-Pyrénées, série L. IV, b. Comité de surveillance. Dossiers individuels Lassalle.

4. Bulletin de la Société Académique. 2e série, 20e fascicule. *Lassalle d'Harader*, publié par M. Rosapelly.

Toutes les pièces furent remises au citoyen Monestier lorsqu'il arriva et, le 19 au matin, le Représentant renvoyait Lassalle au tribunal criminel qui recevait l'ordre de le juger révolutionnairement. Le proconsul, dans un réquisitoire qu'il transmit aux juges, dénonçait le prisonnier comme un ennemi de la Révolution, hors la loi comme tel par le décret du 29 mars 1793; comme émigré rentré en France; comme ayant fui deux fois l'examen de la justice et pour ce, mis hors la loi par le décret du 23 ventôse. Il ordonnait de procéder de suite, et sans distraction à autre affaire, au jugement de Lassalle.[1]

Le tribunal obéit; la peine de mort fut prononcée et l'ordre d'exécution donné aussitôt. Vers une heure de l'après-midi, le condamné arriva sur la place de la Révolution.[2] Monestier, qui se plaisait à ce genre de spectacles auxquels il assistait en costume, fut sans doute présent à celui-ci avec ses coupe-jarrets. Ysabeau, l'ex-oratorien et borgne, reposé des fatigues de sa route de la veille, put se repaitre aussi du supplice de celui à qui Monestier et le tribunal criminel avaient fait un crime d'une lettre où l'on parlait de l'infirmité de ce Représentant.

Le cadavre resta étendu sur l'échafaud.

Le lendemain 20 prairial (8 juin) avait lieu la fête de l'Etre suprême. Le cortège formé sur cette place, y repassa lorsque, après avoir défilé par les autres rues et places de la commune, il se dirigea vers le temple dédié à la divinité de Robespierre.[3]

Les trois Représentants Monestier, Pinet et Ysabeau étaient là. On

---

1. Taine, dans les *Origines de la France contemporaine, La Révolution*, 3ᵉ volume, page 366, raconte autrement la mort de Lassalle. Il a accepté les données d'une légende qui persiste encore aujourd'hui. Monestier, ivre, aurait lui-même condamné à mort le jeune lieutenant de vaisseau et l'aurait fait exécuter à minuit, aux flambeaux. Le lendemain, quand les fumées du vin furent dissipées, le proconsul fut très étonné de la mort de Lassalle. — Je signalai, au Congrès des Sociétés savantes de Toulouse, cette erreur du vigoureux historien. Cela fit quelque plaisir à certains de mes auditeurs. L'un d'eux l'exprima tout haut et témoigna sa satisfaction de voir relever « une des nombreuses erreurs de M. Taine ». L'erreur de l'historien est ici parfaitement excusable. Il a, je crois, emprunté son récit, à la *Justice Révolutionnaire* de M. Berryat-Saint-Prix, dont l'ouvrage n'est pas sans valeur. D'ailleurs, la réalité est aussi odieuse que la légende et Taine n'a fait aucun tort à Monestier. Le portrait qu'il ébauche de notre Auvergnat, pour être plus ressemblant, n'en aurait pas été plus beau.

2. Bulletin de la Société Académique, *ubi supra*.

3. Archives de la mairie de Tarbes, Registre des arrêtés de la municipalité 19 prairial).

y remarquait encore une autre trinité : c'étaient trois ci-devant évêques constitutionnels, Torné de Bourges, Molinier de Tarbes et Jarente d'Orléans. Celui-ci était attaché, en qualité de commis à 800 livres, au magasin des fournitures militaires.[1] Le garde-magasin et les deux tristes vieillards ne purent sans doute s'empêcher de frémir en passant près de l'échafaud.

Le grand corps du jeune officier de marine, à l'effrayante maigreur, aux jambes longues et fluettes, y était toujours étendu.

Sa tête presque imberbe, maigre, longue, rendue plus pâle encore par la mort, gisait sur les planches, encadrée dans ses cheveux noirs.[2]

Il resta là jusqu'à sept heures du soir. L'officier de l'état-civil vint alors constater le décès et fit transporter le cadavre au cimetière de la section orientale.[3]

CHAPITRE X

DÉFENSE DE MONESTIER PAR LUI-MÊME

I. MÉMOIRE A BILLAUD-VARENNES. — II. LES AVOCATS DE MONESTIER.

I

La paix ou le silence devaient régner à Tarbes après ces exécutions. Néanmoins Monestier n'était pas encore au bout de ses peines. Les dénonciations portées contre lui au Comité de Salut public n'étaient pas écartées par le seul fait que la Société populaire de Tarbes et tant d'autres l'avaient proclamé innocent et couvert d'éloges ampoulés. Les faits parle·raient contre lui ; il aurait peut-être aussi, parmi les décem·irs, un adver-saire redoutable en la personne de Barère que, certainement, les coups portés contre le fils et le gendre de son oncle ne devaient pas laisser indifférent. Pinet et lui avaient eu beau le couvrir de fleurs, l'ex cha-noine se sentait quelque peu compromis. Il chercha des intelligences

---

1. *Journal de la réclusion*, page 47.

2. Archives des Hautes-Pyrénées, série L, IV, b. Comité de surveillance. Dos-siers individuels. Lassalle.

3. Etat civil de Tarbes.

dans la place et, le 25 prairial (13 juin), il envoyait à Billaud-Varennes, membre du Comité, un mémoire où on lisait :

« Citoyen cher collègue, nous étions bien liés lors de mon départ de Paris pour l'armée des Pyrénées Occidentales. Notre liaison, je m'en rappelle, était fondée sur l'estime et sur nos opinions. Nous étions alors ennemis mortels de toutes les factions ; nous ne connaissions, nous n'aimions, nous ne voulions autre chose que le bonheur du peuple, l'égalité et la liberté toute entière. Nos courses et nos travaux nous ont empêchés de nous correspondre. Je n'ai pas cessé de t'aimer et de t'estimer, de te lire et de te proclamer souvent. Je n'ai pas cessé de mériter ton estime et ton amitié, malgré les calomnies qui me poursuivent auprès des Comités de salut public et de sûreté générale. Tu dois être un de mes juges ; tu voudras lire une partie de ma justification.

« Je suis accusé d'avoir empêché l'arrivage des subsistances dans le département des Hautes-Pyrénées ; d'avoir donné lieu, par la mise de la guillotine en permanence, au propos que les vieillards et les enfants allaient être guillotinés pour épargner le pain ; d'avoir favorisé les Hébertistes et les Dantonistes. »

Et il fait, à sa manière, l'exposé de la question des subsistances, laissant d'ailleurs debout tous les reproches du vice-président et de l'Administration du district de Tarbes. Il affirme que « les grains ne sont pas parfaitement extraits des magasins ; qu'il s'en est assuré, la veille même, pour ceux de Tarbes et d'Arreau ». Il est néanmoins forcé d'avouer que « ce qui reste n'est pas immense, mais avec cela on gagne du temps, on mange et on ne murmure pas. Nous avons, dit-il plus loin, les fèves et les pois et les fruits à notre secours![1] » Ses amis de la Société populaire, nous les avons entendus, parlaient comme lui.

Les arrêtés du Représentant Féraud, ceux de la municipalité de Tarbes et du Département, la résistance des populations à exécuter les réquisitions qui étaient faites sur elles, permettent d'apprécier le bien fondé de cette pauvre défense qui aboutit, en fin de compte, à un demi aveu.

Parce que la permanence de la guillotine comprimait les murmures, il ne s'ensuivait pas qu'ils ne fussent pas prêts à se produire, ni qu'il n'y eût pas motif de murmurer. Le 10 prairial (29 mai), quinze jours avant que Monestier ne déclarât qu'il y avait encore de quoi manger dans les magasins de Tarbes et d'Arreau, la Société populaire du chef-lieu de la Neste, présidée par l'agent national du district, disait dans une délibération : « Il conste de tous les recensements de subsistances qui ont été faits dans le district, que la population qu'il comporte n'a pas de quoi s'alimenter. Les besoins sont devenus si pressants dans un grand nombre de communes que l'Administration se voit, tous les jours, entourée de réclamants ; les lamentations d'une calamité prochaine déjà retentissent dans la Société populaire aussi bien que chez les corps constitués. » Elle sollicitait Monestier d'employer l'autorité suprême qui lui était confiée pour pourvoir le district de la Neste en subsistances.

Oubliant que c'est son passé qu'il doit défendre, il raconte « qu'il a fait partir des agents pour Auch et que le département des Hautes-Pyrénées allait recevoir de son voisin 25,000 quintaux de froment qui, distribués avec ordre et économie, auraient bien de la peine à être consommés à la récolte que l'on ouvrira, pour le seigle et pour l'orge, dans huit ou quinze jours, en une grande partie de ce pays ».

Il entremêle sa discussion d'attaques personnelles misérables contre son dénonciateur Bousigues et sa famille. Comme s'il n'avait pas assez de ses ennemis de Tarbes, il prend à tâche de réveiller l'antipathie qui sommeillait peut-être chez ses collègues de la députation des Hautes-Pyrénées : Gertoux, Picqué et Lacrampe qu'il accuse auprès de Billaud-Varennes.

Le tout est écrit dans un charabia digne tout au plus des portefaix de son pays. Il n'a daigné ou pu tenir la plume que pour les premières lignes de son mémoire et il a passé la main, pour tout le reste, à l'un de ses comparses, à quelque savetier de son Comité de surveillance ou de sa Société populaire. Le scribe jacobin tourne dans un cercle restreint d'idées toujours les mêmes, comme l'animal qui tourne autour de son manège sur la même piste sans voir autre chose que ce que ne lui cachent pas ses œillères : « Je dois te dire qu'il y a ici un système de détruire les Représentants du peuple... Je dois te dire qu'on poursuit les Représentants du peuple par le fer et la calomnie... Je dois te dire que personne n'a eu faim dans ce département... Ce qui reste n'est pas immense mais avec cela on mange. »

Il termine par deux phrases qui sont tout à fait dans le genre jacobin. Elles devaient, dans la pensée de Monestier, lui faire pardonner tout le reste.

« Malgré tout cela, je te réponds que ça va et que ça ira dans ces contrées où le peuple est très bon, où je suis prudent, ferme et vigilant et bien d'accord avec les sans-culottes. Sois tranquille sur les subsistances et sur l'esprit public, il n'y a de murmures que de la part des égoïstes et des modérés. » La voilà l'excuse suprême : si quelqu'un murmure ce ne peut être qu'un égoïste ou qu'un modéré, gens dont il ne faut pas tenir compte.

Son plaidoyer n'a la prétention de répondre qu'à une partie des attaques. Il ne traite aucunement la question des troubles religieux, ni celle de l'Hébertisme et du Dantonisme, Ce sujet l'embarrassait-il davantage ou voulait-il en faire l'objet d'un mémoire spécial ? Nous ne savons.

II

Il en avait peut-être chargé les deux envoyés de la Société populaire que, dans son mémoire sur les subsistances, il présentait à Billaud-Varennes, les citoyens Piqué et Garrigues.[1]

C'étaient deux jeunes gens de 28 ans, entièrement lancés dans la Révolution. Bertrand Piqué, natif de Montégut,[2] ci-devant doctrinaire, avait obtenu une place d'instituteur au collège de Tarbes, après le départ des anciens professeurs qui appartenaient à la même congrégation que lui.[2] Membre, en même temps, de la Société populaire, il paraît s'être moins occupé d'instruction et d'éducation que de propagande révolutionnaire. Plusieurs fois envoyé en mission par le Comité de surveillance, il manqua, à Arreau, d'être le martyr de la Raison et de la Liberté. A la sortie de la conférence où l'ex-doctrinaire avait parlé contre la Sainte Trinité et la superstition, nous avons raconté qu'une partie du peuple lui lança des pierres ainsi qu'à ses compagnons. C'était à l'époque où les églises se fermaient d'elles-mêmes. Il s'en vengea d'ailleurs.[3]

Jean-Marie Garrigues, étranger au département comme la plupart

1. Archives nationales, A F II, carton 133-1019.

2. Archives des Hautes-Pyrénées, série L. 1, c. Conseil général du Département (1 frimaire an II).

3. Archives des Hautes-Pyrénées, série L. IV, b. Comité de surveillance (29 germinal).

des autres meneurs, s'était fixé à Tarbes où il exerçait la profession d'ouvrier imprimeur. Missionnaire, lui aussi, de la sans-culotterie, il avait été distingué par Monestier qui l'avait amené à Auch lorsqu'il y porta, en germinal, la réquisition de 15,000 quintaux de grain. Le Représentant le nomma, en sa qualité de capitaine de la garde nationale de Tarbes, cinquième juge militaire au tribunal du deuxième arrondissement de l'armée des Pyrénées Occidentales.[1] Les lois de germinal et floréal sur les commissions extraordinaires avaient fait des loisirs à Garrigues; il allait les employer à se défendre et à défendre son protecteur.

Le trésorier de la Société versa, entre les mains des députés, la somme de 1,180 livres pour frais de voyage. Le citoyen Delaloy augmenta cette somme de 150 livres provenant d'une amende prononcée contre une femme dont il avait été le dénonciateur.[2]

CHAPITRE XI

EPURATIONS NOUVELLES

I. ÉPURATION A BAGNÈRES : COMMUNE, DISTRICT, TRIBUNAL. —
II. ÉPURATION A TARBES : QUÉRILHAC, DARRIEUX

I

Le Représentant Monestier venait de faire une douloureuse expérience personnelle de la mauvaise composition de quelques autorités révolutionnaires du département. L'Administration du district de Tarbes exigeait un profond remaniement ; elle s'était montrée vraiment trop négligeante, pour ne rien dire de plus. Le Comité de surveillance, sur la demande évidemment de Monestier, soumit, dès le 24 prairial (12 juin), à l'examen de la Société populaire, les citoyens suivants qui lui paraissaient dignes d'occuper les places d'administrateurs : Garrigues, imprimeur; Garris, cordonnier; Piqué, instituteur; Peyrefite,

1. Archives nationales, A F II, carton 133-1019.

2. Archives de la mairie de Tarbes. Registre de la Société populaire (23 prairial).

officier de santé de Bordères; Doléac aîné, notaire à Saint-Sever; Ducombs, huissier et officier municipal de Tournay; Curie-Scimbres cadet, homme de loi de Trie. C'étaient donc sept places vidées ou vides que l'on se proposait de combler dans l'Administration.

Le Représentant, qui était présent, fit un discours « sur les inconvénients qu'il y aurait à remettre l'épuration des autorités constituées aux assemblées primaires, pendant la durée du gouvernement révolutionnaire. La Convention, en chargeant de ce travail les Représentants en mission, n'avait nullement entendu priver le peuple de ses droits; elle n'avait voulu que le priver momentanément de l'exercice d'une partie de ses pouvoirs, pour mieux lui en assurer la jouissance dans la suite.[1] »

L'épuration de Tarbes ne se fit cependant qu'après celle des autorités de Bagnères. Monestier était dans cette dernière commune, le 27 prairial (15 juin). Il en avait nettoyé le Comité de surveillance, en floréal précédent, aussi pensa-t-il que les membres qui le composaient étaient suffisamment purs. Mais, par ses ordres, le Comité et les citoyens composant le bureau de présentation de la Société populaire se réunirent pour, de concert, faire une liste de 29 citoyens qui seraient proposés au Représentant du peuple et composeraient le Conseil général de la commune de Bagnères. A la fin de la séance et lorsque les opérations étaient terminées, Monestier entra dans la salle de la réunion. Il prit la liste qui avait été dressée et, sur la déclaration provoquée par lui que les citoyens inscrits jouissaient de la confiance de leurs compatriotes, il leva l'assemblée. Le Représentant fit une seule modification sur la liste. Le citoyen Victor père, que les commissaires avaient proposé pour maire, ne fut point agréé; pour le remplacer, Monestier choisit le citoyen Jean-Louis Rousse qui lui était présenté pour la place d'agent national de la commune en concurrence avec le citoyen Gaye. Celui-ci fut nommé agent national.[2]

Le citoyen Jean-Louis Rousse, né à Bagnères-de-Bigorre, le 26 octobre 1753, ci-devant avocat au parlement et aux justices seigneuriales voisines de Bagnères, avait exercé, en l'année 1788, la charge de lieute-

1. Ib. (24 pluviôse).

2. Archives des Hautes-Pyrénées, série L. 1, f. Arrêtés des Représentants du peuple, à ces dates. Comité de surveillance de Bagnères.

nant de maire de sa ville natale. Deux ans après, lors de la formation des administrations départementales, il fut élu procureur syndic du district de l'Adour. « Il donna, bientôt après, sa démission, parce que sa conscience répugnait à concourir à la vente des domaines nationaux qu'il regardait comme sacrés.[1] » Son fanatisme, pour nous servir encore une fois de l'expression si commune à cette époque, avait sans doute disparu depuis longtemps, puisque le Comité de surveillance et les sans-culottes de la Société populaire n'hésitèrent pas à le proposer pour la place d'agent national de la commune et que Monestier, l'austère montagnard, lui conféra la charge de maire.

Jean-Jacques Gaye, l'agent national réépuré, semblait, par ses antécédents, n'avoir guère plus de titres que Rousse à la faveur des sans-culottes. Avocat au parlement et aux justices bannerettes sous l'ancien régime, il fut bien traité par la Révolution qui en fit un suppléant au tribunal du District en 1790[2] et un procureur de la commune de Bagnères en 1792.[3] Mais sa conduite avait été sans doute quelque peu louche puisque Dartigoeyte l'inscrivit, en octobre 1793, dans sa liste des suspects.[4] Gaye donna probablement depuis des gages de civisme que nous ignorons et qui le blanchirent de la mauvaise note du proconsul landais.

Le 29 prairial (17 juin), une nouvelle assemblée avait eu lieu, composée du Comité de surveillance, du bureau de présentation de la Société populaire et du Conseil général de la commune. Il s'agissait de désigner au Représentant les citoyens qui remplaceraient les membres renvoyés, après l'épuration, de l'Administration du district, du tribunal du district et de la justice de paix.

Monestier accepta les noms qu'on lui présenta et, le lendemain 30 prairial, il arrivait à 9 heures du matin dans la salle des séances du Conseil général en permanence. Une dernière fois, il demanda s'il n'y aurait pas quelque changement à faire sur les listes arrêtées la veille. Sur la réponse négative : « le Représentant annonça qu'il allait consulter le peuple et ensuite proclamer les noms. A l'instant il s'achemina

1. Archives nationales, D III. 207.

2. Archives nationales, F 1 c III, Hautes-Pyrénées.

3. Almanach de 1791.

4. Archives des Hautes-Pyrénées, série L. 1, f. Arrêtés des Représentants. Imprimés. (2 octobre).

vers le temple dédié à l'Etre suprême, accompagné de la municipalité
en écharpe, des notables, de plusieurs membres de la Société populaire,
du Comité de surveillance et d'un grand nombre d'autres citoyens. »
Comme le cortège arrivait sur la place au grain, il rencontra le Représentant Ysabeau qui se plaça aux côtés de Monestier.

Aussitôt que l'on fût entré dans l'église, la musique exécuta un couplet de chanson patriotique. Cela mit en voix l'ex oratorien « qui
chanta un autre couplet », peut-être de sa composition.[1] L'agent
national de la commune promulgua plusieurs lois ou décrets de la
Convention nationale et laissa la parole à Monestier. Celui-ci fit un
long discours « propre à détruire le reste des abus de l'ancien régime
et à former l'esprit public. Puis, arrivant au sujet pour lequel il était
venu à Bagnères, il fit l'historique des épurations déjà accomplies dans
la ville. Il ne restait à terminer que celles de l'Administration et du
tribunal du district, et celle de la justice de paix. Le Représentant lut
la liste des noms qui lui avaient été donnés la veille et demanda aux
assistants s'ils avaient aucune révélation à faire. Naturellement personne
ne réclama contre les élus, dont la nomination fut parfaite en ce
moment.[2]

L'Administration du district perdait six de ses membres, y compris
le président Antoine Dubarry, d'Astugue.[3] L'agent national, Bertrand
Pinac, était maintenu.

Le tribunal civil garda son président. Né à Bagnères, en 1741, avocat
en parlement et lieutenant de maire de la ville de Bagnères (1775),
Etienne Rousse avait exercé encore la charge de conseiller et d'avocat
du roi au siège de cette ville jusques en 1790.[4] La Révolution ne lui
fut pas hostile : il se vit successivement nommé, en 1790, administrateur du département des Hautes-Pyrénées,[5] juge et président du tri-

---

1. Le 10 fructidor an II, la Société populaire de Labarthe chanta un hymne
composé par Ysabeau en l'honneur de l'Être suprême. (Archives des Hautes.
Pyrénées, série L. IV, a. Société populaire de Labarthe).

2. Archives des Hautes-Pyrénées, série L. I, f. Arrêtés des Représentants du
peuple.

3. Astugue, canton de Bagnères.

4. Archives des Hautes-Pyrénées, série B. Appointements de la justice royale,
à cette date, passim.

5. Archives nationales, F I c III. Hautes-Pyrénées.

bunal du district de Bagnères, commissaire du roi près ce même tribunal.[1] Réélu président le 26 novembre 1792,[2] il remplit sa charge à
la satisfaction des patriotes qui donnèrent son nom à Monestier, le
jour de l'épuration.

Le commissaire national, François-Marie Soubies, né lui aussi à
Bagnères en l'année 1752, mérita que Monestier le continuât dans la
charge qui lui avait été donnée en 1792.

Quelques juges furent changés pour laisser la place à de bons sans
culottes, à « Jean Lagleize, né à Sarlabous, en 1742, docteur en médecine, dont une de ses victimes faisait ainsi le portrait : « Ci-devant
chantre à gages de la cathédrale de Bigorre, d'où il fut remplir le
même office dans la métropole de Bordeaux ; il profita de l'occasion
pour fréquenter l'école de médecine. Sans doute que ses progrès ne
furent pas bien brillants puisqu'il n'osa s'exposer à prendre ses grades
en cette Université et que ce ne fut que quelques années après qu'il les
prit à Toulouse. Cet homme à face atrabilaire s'est toujours éminem-
ment distingué par sa crapule.[3] » Administrateur du district de
l'Adour en 1790, il fut élu au Département en 1792, mais opta pour la
place de membre du Directoire de Bagnères qui lui avait été décernée
en même temps.[4] C'est là que Monestier le prit pour en faire un juge
du tribunal. S'il faut en croire un ci-devant maire de Bagnères, « le
Représentant traita Lagleize, devant le peuple assemblé, d'ivrogne, de
fripon, et le menaça de la réclusion » ; mais « il s'était prononcé pour
la montagne [5] », et cet acte couvrait bien des défauts.

II

Le lendemain, 1er messidor (19 juin), Monestier était de retour à
Tarbes. Le soir même, il se rendait à la Société populaire pour lui
raconter ses opérations de Bagnères et préparer l'épuration du District
de la Plaine. De tous les membres qui composaient l'ancienne administration, le Représentant n'en conserva que quatre : les citoyens Bordenave fils, Abadie, Mascassies et Campan. Encore le peuple fit-il des
observations sur deux d'entr'eux, Bordenave et Mascassies. Pour

1. Almanachs de 1792 et 1793.
2. Almanach de 1792.
3. *Journal de la Réclusion*, page 29.
4. Archives nationales, F 1 c III. Hautes-Pyrénées.
5. Archives nationales, D III, 355. Monestier.

remplir les places vides, Monestier proposa les citoyens Doléac, Peyrefite, Darrieux, Garris, cordonnier, Quérilhac, Cabailh de Villembits,
Pène père de Hiis, Bonnecarrère d'Aubarède et l'agent national Candelé-Bayle. Seul Darrieux fut quelque peu discuté. Mais le proconsul
ne parut pas tenir grand compte des observations qui lui furent faites
au sujet de ses candidats et, le 2 messidor (20 juin), il proclamait les
noms des nouveaux administrateurs. C'étaient tous ceux absolument qu'il
avait proposés la veille. L'agent national Candelé-Bayle était maintenu
en place :[1] Monestier et les sans-culottes étaient contents de lui.

La présidence fut donnée au citoyen Jean-François Abbadie.[2] C'était
lui qui avait introduit Destieux et Authenac dans les bureaux de l'Administration précédente et procuré ainsi la découverte du complot de
Bousigues contre Monestier. Celui-ci avait donc, en ce président, un
homme sûr et sur lequel il pouvait compter.

Le nouveau vice-président était le citoyen Bertrand Doléac de
Moumoulous[3]; avant la Révolution, reçu avocat au Parlement de
Navarre, licencié en droit civil et canonique, postulant au siège de la
justice de Saint-Sever, il avait été, sous le nouveau régime, nommé juge
de paix et administrateur du district de Tarbes.[4] Il demeura dans
l'administration jusqu'en septembre 1793.[5] Le 10 frimaire an II (30
novembre 1793), le District de Tarbes lui rendait le témoignage qu'il
« avait toujours persécuté les aristocrates[6] ».

Leurs collègues, comparses, obscurs pour la plupart, s'étaient mon-
trés dignes de la faveur de Monestier par leur conduite au sein de
l'Administration, dans les Sociétés populaires et les Administrations
municipales.

1. Archives de la mairie de Tarbes. Registre de la Société (1er et 2 messidor).
— Archives des Hautes-Pyrénées, série L. 11 b. District de Tarbes (an II,
passim).

2. Archives nationales, A F 11, carton 134-1032. L'installation du nouveau district eût lieu seulement le 4 messidor (22 juin 1794).

3. Moumoulous, canton de Rabastens, Hautes-Pyrénées.

4. Almanachs de 1792 et 1793.

5. Cf. Almanach de 1793 et Archives des Hautes-Pyrénées, série L. 11, b. District de la Plaine. Son nom n'y figure pas. L'état des fonctionnaires dressé par le
District le 20 frimaire an II, ne lui donne pas la qualité d'administrateur. D'ailleurs il était parmi les nouveaux membres proposés par le Comité de surveillance.

6. Archives des Hautes-Pyrénées, série L. 11. District de la Plaine (20 frimaire).

L'un de ceux-ci était le citoyen Jean-Pierre Quérilhac. Fils d'un boucher de Galan, où il était né le 30 novembre 1759, on le trouve, en 1789, secrétaire d'un Barère de Tarbes, de Jacques ou de son père Bertrand.[1] En 1790 il obtint la place de greffier du juge de paix de son canton natal.[2] Avec quelques autres « il avait tellement terrorisé la Société populaire de Galan que personne n'osait y ouvrir la bouche ; que si quelqu'un s'avisait de le contredire dans les diverses motions qu'il faisait, toutes pour ses intérêts, il le provoquait aussitôt et le menaçait de lui avoir la vie et l'insultait atrocement ». Il ne parlait que de guillotine et de réclusion ; il fit en effet reclure plusieurs de ceux qui lui avaient déplu. On disait de lui qu'il n'était pas absolument incorruptible, qu'il ne refusait pas les présents qu'on lui offrait en échange de ses bons offices auprès des autorités, qu'il ne savait pas résister à la tentation de s'emparer du bien d'autrui, que l'agent national du district lui-même avait vivement protesté un jour contre une pétition de Quérilhac tendant au partage d'un bois déjà vendu par la commune à un particulier. Profitant de son tout puissant crédit « il s'était, de sa propre autorité, emparé d'environ deux journaux de fonds de la commune, qu'il avait fait clore à l'entour par de grands fossés[3] ». Monestier comprit tout de suite le parti qu'il pouvait tirer de cet homme et, moins de huit jours après, le 9 messidor (27 juin 1794), il en faisait un de ses commissaires pour l'épuration des autorités constituées du district de Vic.[4]

Le citoyen Jean-François Darrieux, maire de Tournay, était encore l'un des élus du proconsul. Fils d'un notaire, greffier ou procureur fiscal aux ci-devant sièges seigneuriaux et temporalités monastiques,[5] il naquit à Tournay le 23 décembre 1753. Son père le fit déclarer prodigue par arrêt du parlement.[6] Après avoir, sous l'ancien régime, postulé aux

1. Archives des Hautes-Pyrénées, série B. 1166. Informations du sénéchal.

2. Archives des Hautes-Pyrénées, série L. 1, f. Arrêtés des représentants du peuple (2 nivôse an III).

3. Archives des Hautes-Pyrénées, série L. IV, b. Comité de surveillance de Tarbes. Dossiers individuels Quérilhac.

4. Archives des Hautes-Pyrénées, série L. VI, b. Comité de surveillance de Vic (13 messidor an II).

5. Archives des Hautes-Pyrénées, série B. 2745, 2763, 2820, 2827.

6. Archives des Hautes-Pyrénées, série L. Tournay (8 prairial an III).

sièges de Cieutat et de Bordes,[1] il obtint, sous le nouveau, la place de
maire de Tournay qu'il exerça de 1790 à l'an II. Sa conduite, dans la
Société populaire, fut celle d'un despote et d'un tyran ; il approvision-
nait les maisons de réclusion et se faisait le persécuteur acharné de ses
proches. Deux Tramezaigues,[2] de Tournay, dont l'un avait épousé la
sœur de Darrieux, furent reclus en compagnie de leur beau-frère Jean-
Baptiste Abadie.[3] « Il était le protecteur des fripons, des imposteurs,
des buveurs de sang, des niveleurs[4] ». Tous ces titres le recomman-
daient à Monestier. Le Comité de surveillance de Tarbes l'avait encore
signalé à l'attention du Représentant, par l'envoi d'une procédure faite
contre lui, à la fin de floréal, par le juge de paix de Tournay, à la suite
de laquelle Darrieux avait subi 24 heures de détention. Il était
représenté « comme la victime des malveillants coalisés de Tarbes, de
Tournay et de tout autre lieu[5] ».

Dans les jours qui précédèrent sa nomination, il avait rendu un réel
service à Monestier, en coupant court à un bruit qui aurait pu compromettre la dignité et la probité du Représentant. Le 22 prairial an II (10
juin 1794), Darrieux avait fait dénoncer par son fils la citoyenne Gene-
viève Serres, pour infraction à la loi du maximum. Celle-ci, femme d'un
marchand de cuivre ou chaudronnier, fixé à Tournay, mais originaire
d'Auvergne, comme Monestier, prétendait avoir été autorisée à violer
la taxe par le Représentant lui-même. L'ex-chanoine de Clermont « lui
aurait dit en effet de lui procurer tous les poulets qu'elle pourrait au
prix qu'elle serait maîtresse d'exiger[6] ». Ce bruit, vrai ou faux, était de
nature à compromettre le Représentant. Darrieux fut assez heureux
pour empêcher les indiscrétions de la femme Serres. Et si Monestier
ignorait, avant le 2 messidor, le service rendu, il le connaissait le 4,
lorsqu'il procéda à l'installation de Darrieux et de ses collègues.

1. Cieutat, canton de Bagnères, Bordes, canton de Tournay. — Archives des
Hautes-Pyrénées, série B. 2745, 2722.

2. Archives des Hautes-Pyrénées, série L. IV, b. Comité de surveillance de Tarbes. Comptes décadaires (10 brumaire an III) et séance du 26 germinal an II.

3. Archives des Hautes-Pyrénées série L. IV. b. Comité de surveillance de
Tarbes. Compte décadaire (30 vendémiaire an III).

4. Archives des Hautes-Pyrénées, série L°. Tournay (8 pluviôse an III).

5. Archives des Hautes-Pyrénées, série L. IV, b. Comité de surveillance de
Tarbes (6 pluviôse an II).

6. Archives des Hautes-Pyrénées, série L°. Tournay (3 messidor an II).

CHAPITRE XII

DERNIERS JOURS DU PROCONSULAT

I. FALLACIEUSES PROMESSES DE MONESTIER. — II. SECOURS ACCORDÉS, ESPÉRÉS OU PROMIS. — III. RAPPEL DE MONESTIER ET ANNONCE DE COUTHON. — IV. DERNIERS ACTES ET DÉPART.

I

La veille du jour où Monestier installait son District, il avait donné son approbation à un arrêté du Département des Hautes-Pyrénées, faisant entre les districts une répartition de grains mis à leur disposition par la Commission de Commerce et d'Approvisionnements de la République.[1]

On se souvient que, dans le Mémoire envoyé par lui à Billaud-Varennes, à la date du 25 prairial, le Représentant écrivait qu'il venait de faire une réquisition de 25,000 quintaux de blé sur le département du Gers, en faveur de celui des Hautes-Pyrénées. Il ajoutait « que ces subsistances auraient bien de la peine à être consommées à la récolte prochaine ». Effectivement on en fut bien empêché ; car les 25,000 quintaux n'arrivèrent pas plus que les précédents. Il y a même lieu de se demander si la réquisition avait été réellement faite à la date où Monestier écrivait.

Un arrêté pris le 27 prairial (15 juin) par les Représentants Pinet et Cavaignac, à la suite d'un incident survenu entre eux et le Département du Gers, semblerait au premier abord nous obliger à répondre par l'affirmative. L'Administration centrale du Gers avait, par un arrêté du 21 prairial (9 juin), ordonné la répartition entre ses six districts de 15,000 quintaux de grains précédemment pris dans les magasins nationaux de ce département. Les Représentants en ordonnèrent la réintégration dans les dépôts publics, mais le Directoire du Gers, s'autorisant d'une lettre de la Commission des subsistances, passa outre aux

1. Archives des Hautes-Pyrénées, série L. 1, d, Directoire du département (3 messidor an II).

ordres des Commissaires de la Convention. Il leur « déclara lestement qu'il ne réintègrerait point les 15,000 quintaux en question et leur fit passer l'acte de distribution ».

Or, ces 15,000 quintaux « avaient été pris dans lesdits magasins pour le département des Hautes-Pyrénées, en vertu de la réquisition du représentant du peuple Monestier ».

Sont-ce là les 25,000 quintaux que ce dernier avait annoncés à Billaud-Varennes et qui s'étaient réduits, on ne sait pour quelles raisons, à 15,000? Ou bien la réquisition faite en germinal par Monestier s'exécutait-elle seulement alors?

Nous ne savons. Toujours est-il qu'il en fut des 15,000 quintaux de prairial comme de ceux de germinal. Le département des Hautes-Pyrénées ne les vit point arriver. Ressaisis, avant leur livraison, ils furent partagés entre les districts du Gers comme « un butin enlevé à l'ennemi[1] ».

L'arrêté de l'Administration du Gers était du 21 prairial; les commissaires envoyés par Monestier, avaient eu le temps de l'informer, avant le 25 prairial, de ce qui se passait chez nos voisins. Cela ne l'empêcha pas de se vanter de la prochaine arrivée des 25,000 quintaux.

II

Heureusement, la Commission de Commerce et Approvisionnements songea aux départements confiés aux soins de Monestier. Elle mit à la disposition de celui des Hautes-Pyrénées 1,054 quintaux 54 livres de grains.

D'après l'exposé des principes qui présidèrent à la répartition qu'en fit le Directoire, à la date du 3 messidor, on peut juger de la situation du département au point de vue des subsistances.

Le district de Bagnères qui avait reçu, par arrêté de Monestier, un secours particulier de 400 quintaux de froment n'avait pas de part à la distribution.

Il en était de même de celui de Tarbes : « Le tableau de recensement fait en dernier lieu présentait, en sa faveur, un résultat qui, avec

---

1. Archives des Hautes-Pyrénées, série L. 1, f. Arrêtés des Représentants du peuple (27 pluviôse).

de l'économie et un nivellement sagement combiné, pouvait conduire les citoyens à la moisson prochaine ».

« Les districts de Vic, Labarthe et Argelès avaient des besoins pressants; quelques cantons surtout de Labarthe et d'Argelès étaient dans un dénuement presque absolu de subsistances, quoique, par leur position montagneuse et froide, l'espérance de la nouvelle récolte fût encore éloignée pour eux.

La commune de Tarbes, également, n'était pas approvisionnée relativement à sa population.[1] »

Comme on le voit, la situation ne s'était guère modifiée depuis un mois. Et les habitants allaient être obligés encore de se rationner jusqu'à la prochaine récolte.

Dans le visa apposé de la propre main de Monestier, au bas de l'arrêté de distribution, le Représentant écrit « qu'il approuve dans les principes ; — pour l'exécution il approuve également sauf les calculs qu'il ne peut pas encore connaître mais dans lesquels il a confiance ». Lui en coûtait-il de se rendre à l'évidence et de s'avouer qu'une grande partie du département était dans la gêne ?

Il est vrai qu'à Bagnères et à Tarbes où Monestier fit, en ces jours son habituelle résidence, on n'avait pas l'air de souffrir, soit qu'on eût reçu des secours comme à Bagnères, soit que la voix flatteuse des patriotes l'empêchât d'entendre les murmures du reste du peuple.

D'ailleurs l'abondance n'était-elle pas prochaine ? Les moissons commençaient à blanchir et des arrivages de blé considérables étaient signalés dans nos ports. Le 30 prairial (18 juin), on donna, au milieu « des vifs, très vifs applaudissements » des sans-culottes de la Société populaire, lecture d'une lettre de Bordeaux qui annonçait l'entrée dans le port de Brest de 500 vaisseaux chargés de blé, de marchandises de toute espèce et de munitions de guerre. Le 2 messidor (20 juin), une lettre du jeune Jullien complétait la nouvelle : « dix vaisseaux anglais avaient été rasés comme des pontons, trois coulés bas par l'escadre d'escorte du convoi. Les autres avaient été aperçus dans la Manche, très délabrés ». A la vérité, le 6 messidor (24 juin), le Représentant Vidal, des Basses-Pyrénées, par une de ses lettres, réduisit de beaucoup les proportions du convoi. Ce n'étaient plus que 116 voiles qui étaient entrées dans le port.

1. Archives des Hautes-Pyrénées, série L. 1, d. Directoire du département (3 messidor).

On annonça plus tard (16 thermidor — 3 août), la prise de Fonta-
rabie avec 200 pièces de canon, 2,000 prisonniers, plus de morts et
beaucoup de subsistances. Six jours après, c'est la prise de Saint-
Sébastien avec 500 canons, 4,500 prisonniers, des tentes pour 15,000
hommes et des vivres pour nourrir l'armée six mois.[1] Ce qui n'empêcha
pas les Représentants d'envoyer, le 22 thermidor (9 août), de Saint-
Sébastien, pays conquis, une lettre pour presser, au nom des besoins de
l'armée, l'exécution d'une réquisition de vivres faite par la Commission
des subsistances sur les départements du Lot, des Landes, du Gers et
des Hautes-Pyrénées.[2]

Monestier, vaincu sans doute par l'évidence, pressa ses agents qui
n'avaient encore donné aucun signe de vie et, le 6 messidor (24 juin),
ils écrivaient de Nogaro, prévenant le Département qu'il pouvait faire
prendre de suite dans cette commune la quantité de 484 quintaux 38
livres de froment.

Le 13 messidor (1er juillet), le Directoire départemental attribuait au
District de la Neste une certaine quantité de grains obtenue par lesdits
agents dans ce même département. « Lectoure accordait 1,439 quintaux, l'Isle-Jourdain 100 quintaux et Condom 95 quintaux 74 livres.[3] »
On allait à ce compte rester bien loin des 25.000 quintaux promis.

III

Il était écrit que Monestier serait relevé de son gouvernement avant
qu'il eût donné au département des Hautes-Pyrénées un seul jour
d'abondance. L'heure de son rappel avait sonné en effet.

Le 11 messidor (29 juin) la séance de la Société populaire s'était
ouverte par la nouvelle de deux victoires remportées à Ypres et à
Charleroi. On avait fait lecture d'une adresse de la Société populaire
d'Auch en faveur de Monestier. Communication fut alors donnée d'une
lettre des deux députés envoyés à Paris par la Société pour y provoquer

---

1. Archives de la mairie de Tarbes. Registre de la Société populaire, aux dates.
Le combat naval dont il est parlé plus haut est celui du 13 prairial (1er juin 1794).

2. Archives des Hautes-Pyrénées, série L. 1, f. Arrêtés des Représentants (22
thermidor).

3. Archives des Hautes-Pyrénées, série L. 1, d. Directoire du département (13
messidor).

le prompt jugement de Bousigues et défendre le Représentant calomnié. Piqué et Garrigues annonçaient qu'ils venaient d'arriver et qu'ils s'étaient hâtés d'aller trouver les citoyens Barère et Vidal.[1] « Le règne de la calomnie est passé, proclamaient-ils. » Cependant ils avaient une mauvaise nouvelle à annoncer aux sans-culottes de Tarbes : c'était le rappel du représentant Monestier. Pour adoucir la violence de ce premier coup, ils tâchent de faire entendre que ce rappel n'est pas le résultat des calomnies dirigées contre l'ex-chanoine, mais la conséquence d'une mesure générale prise par la Convention. Ils apprennent en effet que les Représentants près les départements allaient être rappelés.

La Convention songeait-elle, en ce moment, à prendre cette mesure ? il ne le semble pas. Dans tous les cas, elle ne la mit pas à exécution, sous cette forme générale, car des Représentants près l'armée des Pyrénées-Occidentales et départements voisins, Monestier fut le seul qu'à cette époque on déposséda de son gouvernement.

Afin encore d'étendre quelque baume sur la douleur des sans-culottes et, sans doute aussi, pour diminuer la joie des contre-révolutionnaires et des ennemis de Monestier, les députés Piqué et Garrigues mandaient « qu'un autre montagnard de la trempe de Monestier le remplacerait ». Le « respectable » Couthon était le successeur désigné. « Il viendrait chercher, dans notre département, le rétablissement de sa santé et le délivrer du reste impur des modérés, des fanatiques et des égoïstes. »

« Monestier fit l'éloge de son respectable collègue et invita la Société au calme. Si la Convention, dit-il, rappelle les Représentants, c'est que la mesure est salutaire. Il prédit aux insolents reclus que leurs menées recevront bientôt leur récompense.[2] »

IV

Parmi ces reclus, il en était d'un ordre particulier que le ci-devant chanoine de Clermont allait voir châtier avant son départ.

Le surlendemain, en effet, 13 messidor (1er juillet), à sept heures du matin, le lieutenant de gendarmerie Vergez, accompagné de quatre

1. Archives de la mairie de Tarbes, Société populaire,
2. Ib,

cavaliers et de huit soldats de la garde nationale menant avec eux les sieurs Bluze et Fitte, deux prêtres qu'ils avaient pris à la Conciergerie, se rendirent dans la maison Luscan où se trouvaient les prêtres reclus. Il venait intimer l'ordre de partir sur le champ à six d'entre eux.[1]

Un arrêté du Département, pris le 7 messidor (25 juin), ordonnait « que ces individus ne se trouvant ni sexagénaires, ni infirmes, seraient transportés de suite, de brigade en brigade, dans la maison d'arrêt préparée près du port de Bordeaux pour les prêtres sujets à la déportation.[2] »

Parmi ces huit déportés s'en trouvaient deux, condamnés à 10 ans de fers par un jury militaire et qui, par conséquent, n'étaient plus soumis à la peine qu'on leur infligeait.

L'heure du départ approchait pour Monestier. Reparti pour Pau, après le 11 messidor, il revint à Tarbes le 16 au soir (4 juillet). Aussitôt de la Société populaire on alla l'inviter. Il arriva. Prenant la parole il déclara qu'il était à la veille de se séparer de ses bons amis les sans-culottes de Tarbes. Dans un de ces discours sentimentaux dont il avait le secret, il parla des jouissances qu'il avait goûtées au milieu d'eux. Il leur recommanda l'union et leur promit de rester leur ami jusqu'à la mort.

Le lendemain, 17 messidor (5 juillet), était le jour du départ. La Société populaire avait été convoquée à une séance extraordinaire pour trois heures de l'après-midi. On y verrait et on y entendrait une dernière fois le citoyen Monestier. La séparation allait être d'autant plus cruelle que de mauvaises nouvelles arrivaient de Paris : « Les commissaires de la Société avaient écrit une lettre, dont le secrétaire fit lecture, qui ne donnait aucun sujet de satisfaction sur les progrès de la mission. On remarquait surtout un passage où les commissaires annonçaient que les préventions répandues à Paris, avant leur arrivée, augmentaient au lieu de diminuer. »

Une lettre du citoyen Vidal, Représentant des Basses-Pyrénées, annonçant la prise de Charleroi par les Républicains qui avaient tué à

---

1. *Journal de la Réclusion*, page 28.

2. Archives des Hautes-Pyrénées, série L. 1, d. Directoire du département (7 messidor an II).

l'ennemi, en diverses rencontres, 16,950 hommes, fait 8,500 prisonniers et pris 57 pièces de canon, donna à Monestier l'occasion de prononcer l'éloge des héros de l'armée. Tout naturellement il passa à l'éloge d'une autre sorte de héros qui étaient les sociétaires de Tarbes. « Il leur demanda de lui écrire souvent. »

Le président et plusieurs membres de la Société exprimèrent leur douleur de le perdre. Mais tout n'était pas désespéré, puisque le respectable Couthon devait prochainement arriver accompagné du citoyen Jullien.

Il fallait pourtant finir. La Société vota d'accompagner Monestier jusqu'aux limites du territoire. « Aussitôt, raconte le procès-verbal de la Société, une foule immense de citoyens et de citoyennes de tout âge se joignit aux sociétaires et le Représentant s'avança aux sons des tambours et d'une musique militaire.

« En passant devant l'arbre de l'égalité qui s'élevait sur la place de la Fédération,[1] il s'en approcha. « Citoyens, dit-il, je désirerais, en vous quittant, pouvoir vous donner individuellement à tous l'accolade fraternelle et vous témoigner ainsi combien je suis sensible à toutes les marques de confiance et d'amitié dont vous m'avez comblé pendant mon séjour parmi vous. Je vais appliquer mes lèvres sur cet arbre sacré, symbole de l'égalité, autour duquel vous devez vous rallier sans cesse. Qu'il conserve l'impression du baiser que je lui fais dans l'effusion de mon âme. » Aussitôt chacun « s'empresse de couvrir l'arbre de baisers ».

Si les gens du cortège étaient émus, il n'en était pas ainsi, paraît-il, de ceux qui le regardaient passer. Le lendemain, en effet, dans la séance de la Société, un membre fit une sortie « contre les âmes froides qui, au départ de Monestier, avaient regardé d'un œil sec le cortège! »[2]

1. Place Marcadieu.

2. Archives de la mairie de Tarbes. Registre de la Société populaire (aux dates).

CHAPITRE XIII

RÉACTION

I. IX THERMIDOR, PÉTITION EN FAVEUR DE MONESTIER. — II. JACQUES
BARÈRE DÉLIVRÉ; MANDAT D'ARRÊT CONTRE TROIS TERRORISTES;
ILS SONT ABSOUS. — III. BOUSIGUES EN LIBERTÉ. — IV. LES JACO-
BINS DE LA SOCIÉTÉ POPULAIRE.

I

Le représentant Ysabeau, toujours à Tarbes, resta en dehors de ces manifestations. Il sentait peut-être que Monestier était fort compromis et, avec lui, la Société populaire. Aussi se tenait-il à l'écart et s'excusait-il très souvent de ne point venir aux séances, prétextant sa fatigue et ses occupations. Il partit à son tour le 25 messidor (13 juillet).

Deux jours après, arrivait à la Société une lettre de ses commissaires annonçant leur retour et la prochaine arrivée du brave Couthon.

Mais Couthon ne vint pas. Le 9 thermidor (27 juillet) avait passé par là. Le 18 de ce mois, en effet (5 août), une séance extraordinaire de la Société populaire était convoquée pour préparer le peuple à la nouvelle des grands événements qui s'étaient passés à Paris. Le Représentant Féraud avait écrit ; le secrétaire de Monestier avait envoyé de son côté une lettre. « Tous les deux annonçaient les mêmes nouvelles : Robespierre, Couthon, Saint-Just étaient des traîtres; ils voulaient établir un triumvirat ; la municipalité de Paris trahissait le peuple ; le commandant de la garde nationale, le président du tribunal révolutionnaire le trahissaient. Tous étaient arrêtés ».

La réaction de la peur commença. Deux jours après, le 20 thermidor (7 août), Chevrand, un des plus farouches amis de Monestier et qui, sans doute, n'avait pas été des derniers à se réjouir avec les sans-culottes, de l'arrivée du respectable Couthon, donna lecture à la Société, qui en ordonna l'impression, d'une carmagnole composée par lui sur Robespierre, Couthon et Saint-Just.

Les victimes parlèrent après les bourreaux. Un libelle de 18 pages, que dans la Société on traita de calomnieux, attaqua Monestier et les francs montagnards de Tarbes. Leur heure n'était pas encore venue cependant. Monestier en effet avait conservé, dans la Société, de nombreux et fidèles partisans. Ils avaient appris avec grande joie l'accueil triomphal qui lui avait été fait aux Jacobins de Paris.

Aussi, quand, le 25 thermidor (12 août), on annonça que le Représentant du peuple Ysabeau était rappelé à Bordeaux, parce qu'il y avait fait du bien, des voix nombreuses réclamèrent Monestier et la motion passa avec applaudissements.

Le lendemain on communiquait à la Société une circulaire qui serait envoyée aux Sociétés affiliées pour obtenir le retour du Représentant chéri. L'Administration du district de Tarbes qui devait tout à Monestier, qui était composée de ses amis et créatures n'avait pas voulu demeurer en restes sur la Société et, ce même jour, un de ses membres donna lecture au peuple d'une adresse qu'elle avait faite dans le même but.[1] Avec le District, adhérèrent à la proposition diverses autorités constituées; mais le Tribunal civil, le Directoire du département et la Municipalité de Tarbes déclarèrent qu'il n'y avait pas lieu à délibérer.[2]

II

Les affaires commençaient à mal tourner pour les amis de Monestier. Une de leurs victimes communes, Jacques Barère, mis en liberté provisoire depuis quelques temps par arrêté du Comité de salut public, venait d'être, en vertu d'un autre arrêté du 20 thermidor (7 août), réintégré dans ses fonctions d'administrateur du département. Et le 29 de ce mois (16 août), le prisonnier de la citadelle de Bayonne se présentait dans la salle des séances de l'Administration, déposait sur le bureau l'arrêté qui le réhabilitait et reprenait aussitôt sa place parmi ses anciens collègues.[3]

C'était de mauvais augure pour la faction jusque-là triomphante. Elle fut bientôt atteinte directement. Les citoyens Laïrle et Jacques

1. Archives de la mairie de Tarbes. Registre de la Société populaire (aux dates).

2. Ib. (28 thermidor).

3. Archives des Hautes-Pyrénées, série L. 1, d. Directoire du département (29 thermidor).

Barère avaient écrit à la députation des Hautes-Pyrénées pour lui demander des mesures contre « quinze des plus zélés et des plus purs patriotes de Tarbes ». Les députés, « d'après l'impulsion du représentant Bertrand Barère, qui déclara plus tard n'y être pour rien », dénoncèrent les citoyens Bernard et Delaroy, membres du Comité de surveillance et Chevrand, commandant la garde nationale de Tarbes, au Comité de sûreté générale qui lança un mandat d'arrêt contre eux. Le 3 fructidor (20 août), arriva à la gendarmerie de Tarbes l'ordre de les traduire à Paris.[1]

Ce fut une explosion de joie délirante dans les maisons de réclusion de la ville, quand cette nouvelle y parvint. L'Administration du district et son agent national s'en émurent. Ils parlèrent au Comité de sûreté générale « de ces agitations, de ces transports de joie, de ces bacchanales, pour ainsi dire, qui venaient d'être célébrées dans toutes les maisons de réclusion, de ces acclamations immodérées et insultantes auxquelles se livrent les ennemis du peuple.

« La rumeur publique, ajoutaient-ils, faisait pressentir que plusieurs individus étaient instruits de ces arrestations avant qu'elles n'eussent lieu. Elle menace encore les patriotes les plus prononcés et les fonctionnaires publics les plus zélés et les plus attachés à leurs devoirs, d'une arrestation prochaine.

« Toutes ces jactances ridicules du modérantisme et de l'aristocratie compriment les patriotes peu révolutionnaires et sont un obstacle à l'avancement de l'esprit public. » Le District demandait au Comité de sûreté générale de prendre, dans sa sagesse, telles mesures que ses principes révolutionnaires lui inspireront pour le triomphe des patriotes et la prompte punition de leurs ennemis.[2]

L'un des signataires de l'arrêté était le citoyen Claude Mascassies qui, on s'en souvient, avait prestement renié l'ancien vice-président de son Administration et les arrêtés qu'il avait pris et signés avec lui. Sentant que le vent n'était plus à l'exagération, il préparait une autre volte-face en ce moment.

Imitant Bousigues, il écrivit lui aussi à Paris des lettres de dénon-

---

1. Archives de la mairie de Tarbes. Registre de la Société populaire (4 vendémiaire an III).

2. Archives des Hautes-Pyrénées, série L. II, b. Directoire du District de Tarbes, 5 fructidor. — Comité de surveillance de Tarbes. Compte décadaire du 10 fructidor.

ciation, mais sans les signer et en recommandant de les brûler. Il s'y réjouissait de l'arrestation des trois membres de la Société populaire et de la terreur inspirée aux autres terroristes qu'il dénonçait dans l'ordre suivant : Authenac, Destieux, Piqué, Cavaille, Lasserre, Candelé-Bayle, Peyrefite, Ladinière, etc. Ceux-là ôtés, concluait-il « le noyau ne pullulera plus et, dès que les potentats auront disparu, les cordonniers et les savetiers auront hâte de s'éclipser [1] ».

Arrivés à Paris le 20 fructidor (6 septembre), à sept heures du matin, les trois prisonniers se rendirent, dès sept heures et demie, chez Monestier qui les présenta au Comité de sûreté générale et, répondant d'eux sur sa tête, obtint qu'ils demeurassent libres sous la surveillance d'un gendarme.

Devant le Comité de sûreté générale, ils furent défendus par leur ami du Puy-de-Dôme et par le Représentant Bousquet, du Gers. L'accusation s'était d'ailleurs évanouie, « Barère [2] étant d'avis que l'affaire pourrait s'arranger » et la députation des Basses-Pyrénées, qu'on voulait faire intervenir contre eux, « ayant déclaré qu'elle n'avait aucun reproche à faire aux accusés ». C'est pourquoi, dans la nuit du 29 au 30 fructidor (15-16 septembre 1794), le Comité ordonna qu'ils fussent sur le champ mis en liberté et renvoyés à leurs fonctions respectives. [3]

Ils repartirent aussitôt. Le 2 vendémiaire an III (23 septembre), une lettre de Bernard parvenait à la Société populaire annonçant le prochain retour des trois amis qui furent, séance tenante, rétablis membres de la Société après avoir été suspendus par une précédente délibération. [4]

III

En arrivant à Tarbes, ils y trouvèrent l'ex vice-président du District, Bousigues. Un arrêté du Comité de sûreté générale du 5 fructidor (22

---

2. Archives de la mairie de Tarbes. Registre de la Société populaire (4 vendémiaire an III).

1. Barère n'était plus membre du Comité de salut public depuis le 13 fructidor (28 août), qu'il était sorti par le sort et avait été remplacé.

2. Archives de la mairie de Tarbes. Registre de la Société populaire (4 vendémiaire an III)

3. Ib. (2 vendémiaire an III).

août), avait ordonné sa mise en liberté. Mais ses ennemis de Tarbes
n'avaient pas désarmé. Le 21 fructidor en effet (7 septembre), le citoyen
Castéran, juge et directeur du jury d'accusation, recevait un pli qui « lui
avait été adressé par l'agent national du district de Tarbes » et qui
contenait « des extraits de deux arrêtés de l'Administration de ce
district, l'un en date du 29 floréal et l'autre du 8 prairial suivant,
auxquels était jointe une lettre de l'agent national, datée de ce même 21
fructidor. » La lettre « portait dénonciation contre Bousigues pour
crime de faux commis par ce dernier dans l'arrêté du 29 floréal. » Le juge
assigna des témoins pour instruire cette affaire. Mais Bousigues se hâta
d'arrêter toute procédure ; il fit signifier par ministère d'huissier au
magistrat instructeur, l'arrêté du Comité de sûreté générale qui, selon
lui, avait déjà prononcé « sur le chef qui forrmait l'objet de la dénonciation » de l'agent national. « En conséquence, se trouvant déjà jugé
par une autorité supérieure, il protestait contre toute procédure qui
pourrait être instruite contre lui, à la suite de la dite dénonciation,
comme attentatoire à cette autorité ».

Le juge reçut l'opposition le 23 fructidor (9 septembre), au moment
où il se disposait à procéder à la réception des déclarations des témoins.
Il en référa aussitôt au tribunal qui sur le rapport du directeur du jury
et les conclusions du commissaire national, « déclara qu'il n'y avait pas
lieu, quant à présent, de continuer la procédure dont il s'agissait [1] ».

IV

Tous ces événements, agréables ou désagréables aux sans-culottes,
avaient surexcité la Société montagnarde du chef-lieu qui décida, le 4
vendémiaire (25 septembre), d'envoyer à la Convention nationale une
adresse où l'on trouvait ces phrases :

« Citoyens Représentants, le modérantisme en Révolution est l'avant-
coureur de la mort. Il en est de lui comme d'un insensé qui met bas les
armes devant un ennemi qui vient l'attaquer. Toutes les Révolutions

1. Archives des Hautes-Pyrénées, série L. u. Tribunal du district. Registre des
délibérations et arrêtés du tribunal du district. Un arrêté du Comité de sûreté
générale, en date du 2 brumaire an III (23 octobre) 1794) fit écrouer Bousigues
dans la maison d'arrêt, le 12 du même mois (2 novembre). Il fut mis en liberté par
ordre du tribunal le 18 brumaire (8 novembre).

doivent être en faveur des patriotes contre les aristocrates et cependant ceux-ci ont prétendu s'approprier celle du 9 thermidor pour la faire tourner contre les amis du peuple. Ils sont à l'instant devenus insolents et séditieux... Où en serait la liberté si le modérantisme parvenait à détendre les ressorts du gouvernement révolutionnaire sur lequel repose le salut de la République ?

...L'aristocratie s'agite en tout sens et enregimente sous son drapeau tous les modérés et tous les mécontents. Le fanatisme rallume ses torches. Les reclus insultent aux autorités... On a voulu nous humilier, nous désorganiser et nous anéantir. Trois de nos frères, fonctionnaires publics et membres de notre Société, que nous n'avons pas cessé d'estimer ont été traduits à Paris. Mais ils ont été accompagnés aussi par leurs œuvres civiques et par l'opinion publique, boucliers plus forts que l'airain et qui ont été impénétrables aux traits de la calomnie devant la justice du Comité de Sûreté générale qui les a absous et renvoyés à leurs fonctions.

Faites gronder le tonnerre de la liberté, vengez les patriotes persécutés.[1] »

Ce fut là une des dernières convulsions du terrorisme Tarbais. Le Représentant Monestier de la Lozère, qui s'annonçait en ces jours-là, allait achever d'écraser la queue de son homonyme du Puy-de-Dôme.

---

1. Archives de la mairie de Tarbes. Registre de la Société populaire (4 vendémiaire an III).

TABLE

www.ingramcontent.com/pod-product-compliance
Lightning Source LLC
Chambersburg PA
CBHW051726090426
42738CB00010B/2106